品牌社群对品牌忠诚的影响机制研究

刘　勇◎著

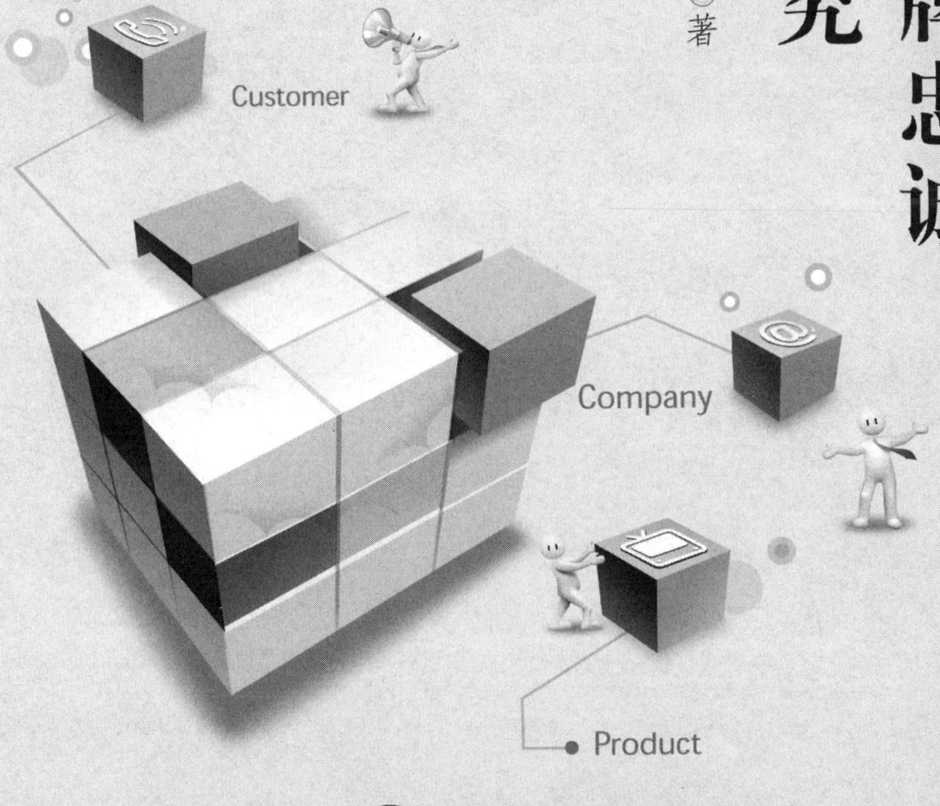

浙江工商大学出版社
ZHEJIANG GONGSHANG UNIVERSITY PRESS

摘 要

随着我国经济的持续快速发展，消费者需求呈现出理性化和差异化的趋势，多数商品市场转型为买方市场。与此同时，改革开放的逐步深入使得市场上的产品渐趋丰富，品牌逐渐增多，消费者开始面临可选产品“过多”的问题。在此背景下，品牌竞争成为企业立足市场的主要竞争策略。实践证明，品牌社群是企业塑造品牌，进而赢得顾客忠诚的重要平台。然而，企业尚未对如何建设品牌社群形成准确清晰的认识，进而导致有些品牌社群建设状况良好，对消费者的品牌忠诚感提升起到了积极的作用，另一些则有名无实，基本处于沉寂状态。这一问题在处于发展初期的我国家用汽车行业中表现得尤为突出。

在理论研究中，伴随着学者们对品牌社群与品牌忠诚关系理解的趋于一致，品牌社群逐渐成为研究热点。目前，对品牌社群的相关研究主要集中在三个方面：品牌社群是什么；品牌社群的特征是什么；品牌社群的作用有哪些。国内一些研究已初步涉及品牌社群如何建设的问题。这些研究主要还是处于分析“是什么”的研究阶段，总体上还属于静态的理论分析，对实践的指导意义还需加强。如果接下来能够进入“怎么办”的研究阶段，充分辨识顾客融入品牌社群后的表现如何，消费者融入品牌社群后对自身的品牌忠诚感会有何种影响及哪些因素影响到品牌社群融入这些系统性问题，必将对企业品牌社群建设起到积极的指导作用。带着这些问题，本书以家用汽车行业为例，从品牌社群融入度的测量入手，沿着“品牌社群融入有何表现→什么因素影响→品牌社群融入→品牌社群融入会产生何种结果”这样的逻辑思路，通过理论分析与实证研究相结合进行了比较系统的研究，并得出如下结论：

第一，品牌社群融入度分为同类意识、社群责任及社群精神三个维度。以往研究往往直接采用社会学中研究成果对品牌社群融入进行描述，大多数实证分析也只将品牌社群融入作为单一问题概念，本书提出品牌社群融入度的概念，并将同类意识、社群责任及社群精神作为品牌社群融入度的测量维度。其中，随着品牌社群融入度的增强，社群责任表现愈发突出，而同类意识则表现最不明显。

第二，品牌社群成员的参加时间、年龄、消费产品价格都会产生不同的品牌社群融入度。参加品牌社群的时间越长，品牌社群融入度越高；而成员年龄越大，品牌社群融入度则越低。对于汽车产品来讲，中级车消费者所表现出的品牌社群融入度最高。

第三，顾客价值及社群关系两个维度对品牌社群融入度产生影响。顾客价值可分为功能价值、社会价值、享乐价值、集体谈判价值及认知价值五个子维度;社群关系可以分为关系信任及社群压力两个子维度。通过结构方程模型检验,上述七个子维度共同对品牌社群融入度测量中表现最为突出的社群责任产生影响,而功能价值、集体谈判价值及社群压力对社群精神不产生影响,功能价值则对同类意识不产生影响。同时,社群压力作为唯一能够对品牌社群融入度产生负向影响的因素,其作用是通过负向影响同类意识及社群精神来产生的。

上述所有影响因素中,关系信任是最能对品牌社群融入度产生影响的因素,其次是社会价值及认知价值,而在其他研究中着重提出的功能价值产生的影响则最小。这一研究结论充分体现出社群的社会化特点。

第四,同类意识、社群精神及社群责任对品牌忠诚的影响各不相同。品牌忠诚可以分为行为忠诚、意向忠诚及反向品牌忠诚三个维度。同类意识、社群精神及社群责任都能够正向影响行为忠诚和意向忠诚,但只有社群精神能够影响反向品牌忠诚。并且,产品使用时间越长,价格越低,品牌社群融入度越能够对行为忠诚及意向忠诚产生强烈影响,但不同产品使用时间及拥有不同价格产品的社群成员在反向品牌忠诚的表现上没有明显差别。

品牌社群的出现是最近 20 年的事情,深入的学术研究才刚刚开始。本书试图从品牌社群融入度的测量出发，沿着“融入的表现—融入的作用—融入的影响因素”这样一个分析框架，从动态的视角对品牌社群的作用过程进行理论分析，以期为意欲建立品牌社群的企业提供理论参考。但受数据、研究时间和笔者能力所限，书中还有很多不足之处需要完善。在本书基础上，对品牌社群内部的小团体进行分析，寻找品牌社群影响忠诚的其他情境等都是可以继续研究的方向。

目 录

第一章 绪 论

第一节 问题提出

一、实践视角

进入社会化大生产以来，产品逐渐丰富，很多产业开始由卖方市场转向买方市场。在这种情况下，众多企业开始认识到，在现在这种行业竞争越来越激烈、价格逐渐透明、利润逐渐降低的情况下，唯独品牌产品可以在竞争中显现出得天独厚的优势和较强的竞争力(李光斗，2008)。随着众多厂商对品牌建设的持续投入，品牌本身也被赋予了特定的内涵，并且被越来越多的人所熟悉，对某一品牌感兴趣的人会聚集在他们所推崇的品牌周围，渐渐形成品牌社群。目前，企业已经对品牌社群在提升品牌忠诚中所发挥的积极作用达成共识，并且在实践中不遗余力地开始建设它。在西方发达国家，品牌社群已经从最初的哈雷摩托、吉普汽车等具有鲜明个性的耐用消费品品牌社群发展到现在包括汽车、电脑等耐用消费品及意大利费列罗巧克力、英国联合利华旗下产品等日常消费品及无线通信、教育等服务类产品品牌社群。在此过程中，品牌社群发挥的影响力也越来越大。

在我国，随着产品品牌内涵的逐渐丰富及人们个性的逐渐凸现，品牌社群也获得了突飞猛进的发展。但无论哪一行业的品牌社群,其发展都是良莠不齐的。如同样是超市会员,沃尔玛的会员数量急速增加,但普尔斯马特的会员制度却没有继续推行;如同样是快速消费品品牌社群,羽西会、DHC俱乐部会员急速膨胀,而像力士等在国外颇具影响力的品牌社群在我国却鲜为人知。此外,对于拥有相同成员数量的品牌社群,有些品牌社群的消费者对品牌社群具有极大的认同,为品牌社群的发展投入了很多精力;另一些品牌社群的消费者仅仅局限在参加活动而已。

品牌社群作为一种新鲜事物在我国获得了长足的发展,但具体到某一品牌社群来看却是有成功也有失败。衡量品牌社群发展成功与否,一方面,要看其中成员数目的多少,这可以看作是品牌社群发展的广度问题;另一方面,品牌社群成员融入品牌社群的程度高低也是衡量品牌社群成功与否的重要指标,这属于品牌社群发展的深度问题。那么对于厂商来讲,迫切需要解决的几个问题就出现了:第一,如何能够吸引更多的人参加自己所建立的品牌社群?第二,如何能够使参加品牌社群的成员更持久地留在品牌社群中?第三,如何利用品牌社群增强消费者的品牌忠诚?也就是说,品牌社群的融入度如何测量,品牌社群融入如何影响品牌忠诚及哪些因素会影响品牌社群融入这一系列品牌社群作用链条上的问题,都应该是致力于壮大品牌社群的企业所关注的。

如上所述,品牌社群已经在耐用消费品、日常消费品甚至服务业中遍地开花。但由于品牌在汽车产业竞争中的重要作用及不同汽车品牌在上百年发展过程中所具有的丰富内涵,使得品牌社群在国外汽车行业中出现得比较早,发展最为成熟。

在西方汽车行业品牌社群发展的带动下,在国内汽车厂商对品牌社群所能发挥作用认识水平逐渐提高的推动下,我国汽车产业品牌社群也获得了长足发展,但发展不均衡的问题同样存在。一方面,像奥迪汽车在浙江的车友会人数已经达到4万多,并且相当数量的成员属于其中的积极分子;像爱卡汽车、汽车之家、浙江伊路凯歌这样的品牌社群，大多数成员积极参加品牌社群建设，为社群发展积极奉献。另一方面，有些汽车的品牌社群，其会员则寥寥无几；或者品牌社群的成员普遍处于一种简单接受的状态，只是依赖于品牌社群获得自己想得到的信息和实惠。汽车行业不同品牌社群之间也存在着广度和深度不同的问题。如果以汽车行业品牌社群为研究对象，深入研究解决上述3个发展问题的方法，不仅可以为提升汽车企业产品竞争力提供参考，也必将能够对其他产业中致力于建立品牌社群的企业提供具有实践价值的建议。

二、理论视角

品牌社群相关研究涉及理论较多，既包括社会学中关于社群研究的成果，也包括营销学中关于关系营销研究的成果，这些都推动了品牌社群研究的深入。

首先，从营销学的相关研究出发，建立品牌社群已经成为增强企业竞争力的重要途径。提升企业竞争力，培养忠诚顾客非常重要。以往的研究大多从满意导致忠诚的角度来分析，即厂商必须尽力为消费者提供高质量的产品和良好的服务以增强其满意度(Jacoby & Kyner，1973；Szymanski & Henard ，2001)，但是，随着研究的逐步深入，很多人的研究从不同侧面证明了忠诚是一个更加复杂、更加具有活力的问题，而不只是通常所说的“满意产生忠诚”(Fournier，1998；Oliver，1999；Garbarino & Johnson，1999；Chaudhuri & Holbrook，2001)。

在探索影响消费者品牌忠诚因素的过程中，已经有越来越多的学者认识到消费者对于品牌的体验及消费者之间的关系在很大程度上也会影响到品牌忠诚的形成和巩固，因此营销的重点已经不能再仅仅局限在通过媒介进行信息交流，而应该是与消费者保持一个长期稳定的关系，于是关系营销(relationship marketing)就成为今后的一个营销方向。关系营销研究的内容有两个主要方面，一是企业与消费者之间关系的改善，二是消费者之间关系对消费者决策的影响。在以往关系营销的相关研究中，对企业与消费者之间关系的研究相对较多，而在消费者之间的交流对品牌忠诚的影响力上还需要进一步加强。品牌社群作为一种由对某一品牌感兴趣的人组成的组织，这种组织是一个由这些人所组成的网络，也是上面所述的消费者之间关系体的典型代表。随着品牌社群的快速发展，越来越多的学者开始认识到利用品牌社群增强消费者的品牌忠诚是一种既经济又有效的方式（Dholakia，et al.，2004）。正如 Muniz & O'Guinn（2001）所述，品牌社群对以往有学者所提出的四种品牌价值构成要素（感知质量、品牌忠诚、品牌意识及品牌联想）都能产生积极的影响。

其次，从社会学相关研究来看，社群研究已经成了热点问题。社群在 19 世纪和 20 世纪早期就得到社会学家和心理学家的特别关注，研究显示，早期的社群主要依赖于地域上的临近，特别是在乡村中的社群更是如此。随着研究的深入，学者们发现，精神和心理因素在社群的形成中也起了重要的作用。如滕尼斯就提出，社群可以分为血缘社群、精神社群及地域社群；贝尔也提出社群可以分为地域社群、心理社群及记忆社群。这样，社群就不仅仅局限于地域上的联系了，一些学者随后提出社区就是一些人有规律地聚集在一起并且分享特定兴趣的一种现象（Rothaermel & Sugiyama，2001），是一种以相互关系和情感链接为特点的社会关系网络；McAlexander，Schouten & Koenig（2002）在研究品牌社群时也提出，社群是由其成员主体及成员之间的关系所构成，通过社群，人们可以分享一些认知、情感或者自然物质。正是由于社群研究视角的逐步扩展，品牌这种可以具有特定内涵的东西也就慢慢成为社群依附的主题之一，对于社群的研究有一部分开始过渡到营销学领域。

最后，从需求理论的角度来看，品牌社群的快速发展也有其特定原因。对于人类的需求，越来越多的研究证明，物质需求处于需求的较低层次，而社会心理层面的需求才是需求的较高层次。随着人们物质生活的逐渐丰富，迫切需要得到心理层面的满足。品牌社群为人们的这种需求提供了一个满足渠道。在品牌社群中，任何人都可以提议组织活动从而得到其他成员的尊重，也可以通过交流使自己的心情更加愉悦。因此，品牌社群得到越来越多顾客的喜欢，其发展速度也是越来越快。

在以上研究中，社会学中对于社群的研究已经较为充分，并逐渐扩展到社会网络等研究视角来进行。但是，营销学中对于品牌社群的研究还有待深入。目前，品牌社群的相关研究主要集中在以下几方面：品牌社群是什么；品牌社群的特征是什么；品牌社群的作用有哪些。国内一些研究也初步涉及品牌社群如何建设的问题。这些研究主要还处于分析“是什么”的研究阶段，总体上还属于静态的理论分析，对实践的指导意义还需加强。并且，品牌社群对品牌忠诚影响的程度依赖于消费者在多大程度上能够融入品牌社群。如果接下来能够进入“怎么办”的研究阶段，指导企业区分融入品牌社群的成员，采取措施利用品牌社群增强品牌忠诚及指导企业采取措施增强品牌社群成员的融入度，必将能够对增强企业竞争力起到积极作用。

第二节 基本概念界定

一、品牌社群

(一)品牌社群的定义

到目前为止，相当多的文献都提到了品牌社群的定义，主要集中在三个方面：第一，品牌社群的空间范围。目前的共识是社群没有地理界限，品牌社群也是如此。正如最早明确提出品牌社群的学者 Muniz & O'Guinn(2001)所指出，品牌社群是一种专业的、没有地域限制的社群。第二，品牌社群的核心。这一点不同学者有不同的看法，Muniz & O'Guinn 认为品牌社群的核心是品牌，众多的消费者围绕在品牌的周围。McAlexander，Schouten & Koenig (2002)则认为品牌社群是以核心消费者(focal customer)为中心。第三，品牌社群的成员。Muniz & O'Guinn 直接提出品牌社群的成员就是特定品牌的消费者，McAlexander，Schouten & Koenig 随后指出这一成员范围太狭窄，品牌社群的成员除了消费者以外，还包括大量的对品牌感兴趣但没有消费这一品牌的利益相关者。此外，Lynn & Earl(2001)、Bagozzi & Dholakia(2006)等也先后对品牌社群的概念进行了阐述。但由于概念太过宽泛等原因导致其没有得到普遍认同。

在充分汲取以上研究成果的基础上，结合调研结果，笔者认为，品牌社群的定义中应该包括如下三个方面：第一，品牌社群的空间范围，笔者认同现在的共识，即品牌社群是不受地域限制的，特别是互联网中的虚拟社群更是如此；第二，品牌社群的核心，笔者认为任何品牌社群中都有中心成员，这些中心成员可能是品牌社群的组织者，在虚拟社群中就是那些“管理员”“版主”等，也可能是社群中的其他活跃分子，这些活跃分子经常参加甚至组织品牌社群活动，也对产品非常熟悉。对于品牌本身来讲，只是品牌社群得以存在的纽带，不能作为品牌社群的核心；第三，品牌社群的成员，笔者通过调研国内汽车及房地产品牌社群后发现，其中的成员往往不只是消费者，像“万客会”“汽车之家”这些品牌社群，还包括了大量的对品牌感兴趣但没有消费产品的人，这一点与 McAlexander，Schouten & Koenig(2002)的观点相同。基于此得出，品牌社群是由对某一品牌感兴趣的人所组成的群体，这个群体是以中心成员为核心、以品牌为联系纽带所构成的一种结构化的社会组织。

(二)与品牌社群相似的其他概念

1. 消费的亚文化群(subculture of consumption)

在 Schouten & Mcalexander(1995)对哈雷摩托车主之间的交流是如何影响他们对于品牌理解的研究过程中发现,随着车主对品牌的深入理解,对品牌的理解方式就成为他们生活的一部分,形成了一种文化,这些车主聚集在一起形成亚文化群。

消费亚文化群与品牌社群的不同点主要是消费亚文化群拥有局外人,拥有很明显的边缘及局外文化。而品牌社群更能体现成员之间的相互交流,体现了对品牌内涵的社会化讨论(Muniz & O'Guinn,2001)。Holt(1997)也同样指出了这一点,他指出消费亚文化群成员之间几乎没有社会性联系,更多的是具有自我中心的意识。

2. 小团体品牌社群(small group brand community)

Bagozzi & Dholakia(2006)在研究哈雷摩托俱乐部(HOG)时指出,HOG 通常是由成百上千个注册成员组成,但对于大多数的成员来讲,其中的社会联系大多发生在一些朋友所组成的小团体中,这些摩托骑行俱乐部中的小团体被称为小团体品牌社群,常见的小团体品牌社群通常是人数在十人以下,并且具有规律的活动。以往研究中所忽视的一个问题是,消费者在这种小团体品牌社群中的心理感受与在品牌社群中的感受是不同的。(Muniz & O'Guinn,2001)

3. 新部落消费群(neo-tribalism)

Maffesoli(1996)认为,新部落消费群是以消费者的流动和不固定为特点。相比新部落消费群,品牌社群具有如下特点:第一,新部落消费群被视为基于地域概念的人与人之间形成的组织。而品牌社群则从地域的概念中解脱出来;第二,品牌社群具有更明显的商业性;第三,品牌社群具有更加明显的承诺。由于品牌社群是一个相对固定的组织,他们的成员要比新部落消费群的成员具有更多的社会承诺,他们每个人的社群责任也相对更强。

二、品牌社群融入

品牌社群作用的发挥可以看作是通过增强社群成员之间已经建立起来的横向联系进而增进顾客之间的交流及消费者与厂商之间的交流来进行。品牌社群无论对品牌及消费者产生何种影响,都必须是以社群成员融入为前提,品牌社群融入主要关注于把顾客吸引并保持在社群中的问题。借鉴 Martin(1998)的定义,品牌社群融入是指一个人被社群所激发出对社群产生强烈兴趣或情感依附的一种隐性状态。

三、品牌社群融入度

品牌社群融入是一种连续的状态,对其衡量只能用程度的深浅来表达,而不能用是否融入来阐述。此外,以往有学者还专门研究品牌社群参与的问题,但通常来讲,品牌社群参与和品牌社群融入两种状态下的成员区分有一定的难度。因此,笔者没有对两者进行严格区分,而是提出品牌社群融入度的概念。刚刚加入品牌社群的状态称为品牌社群的低融入度,而真正融入品牌社群中时称为品牌社群的高融入度。Houman(2005)把品牌社群内的成员分为品牌社群的浏览者、积极参加者、较少光顾者及贡献者。品牌社群成员这些表现上的差异正是由品牌社群融入度的不同而产生。

对于品牌社群融入度的测量,结合以往研究成果,笔者初步拟定采用同类意识、社群精神及社群责任三个维度。

四、社群关系

社群是一个社会化的群体，其创建和发展过程中不可避免地会体现出强烈的社会性特点。社群关系正是由于社群的社会性所产生，其中包括：第一，与其他成员交往过程中的感觉，这种感觉突出体现为信任感，即关系信任；第二，由社群的规则及其他成员给某一成员带来的压力，即社群压力。这种压力可能是口头上的，可能是行为上的，也可能是由社群规则本身所带来的。

五、品牌忠诚

培养具有忠诚感的顾客是企业营销的最终目标之一。但对于忠诚的定义，由于对忠诚的分类不同而有着一定的区别。在所有研究顾客忠诚的文献中，有些是针对品牌进行的，有些则范围更广。笔者认为，品牌忠诚研究是顾客忠诚研究的一个分支，是顾客忠诚具体到品牌上的表现。在借鉴严浩仁（2005）等的相关总结基础上，考虑到品牌社群对品牌忠诚的影响，笔者将品牌忠诚划分为行为忠诚、意向忠诚及反向品牌忠诚。

六、家用汽车

在本书中，为使研究对象更加明确、具体，仅将家用汽车纳入研究范围。对于家用汽车的具体定义，笔者借鉴了相关保险规则中的说法，即家用汽车是指家庭所拥有的生活所用载运乘客的汽车（天安保险等）。此外，按照罗延发（2007）所述，如果按汽车用途划分，可以将中国汽车市场分为家用汽车市场及集团消费市场。家庭购买汽车的主要目的在于家庭消费，而集团消费用车市场则主要满足公务目的和商务目的。在此分类方式下，并不关心具体车型，这就使本书所述的家用汽车包括了轿车、SUV、皮卡、MPV等车型，范围较广。

第三节 研究设计

一、研究目标

正是由于不同成员在加入品牌社群后会有不同的表现，不同的表现又会导致对品牌忠诚的影响不同。因此，笔者在借鉴顾客价值理论、品牌社群理论、品牌忠诚理论及社群关系理论等相关研究成果的基础上，确立了五个研究目标：第一，建立品牌社群融入度的测量体系。对于企业或者品牌社群组织者来讲，区分每一个成员的品牌社群融入度对于有的放矢地推进品牌社群建设具有重要意义。第二，对不同成员的品牌社群融入进行辨识。在品牌社群中，成员的性别不同，年龄分布较广，并且是否拥有品牌产品，拥有品牌产品的时间长短也各不相同。辨识这些不同人口统计变量的群体在品牌社群融入度上是否具有显著差别对指导企业品牌社群建设具有积极作用。第三，考察品牌社群融入对品牌忠诚的影响。不同的品牌社群融入度对品牌忠诚具有不同的影响，了解品牌社群融入如何影响品牌忠诚对于企业来讲也具有现实意义。第四，识别影响品牌社群融入的因素。在对品牌社群是否影响品牌忠诚及如何影响进行研究后，自然会考虑到哪些因素会影响品牌社群融入。第五，结合以上分析，以家用汽车厂商为分析对象，提出品牌社群建设及如何通过品牌社群影响消费者品牌忠诚的策略建议。

二、研究方法

（一）文献研究

文献研究是研究工作得以开展的前提之一，对于聚焦研究问题，了解理论背景，把握学术前沿，拟定研究框架等具有指导意义。首先，结合对品牌社群相关研究成果的系统梳理，笔者提出品牌社群融入度的概念，对品牌社群融入进行测量，并设计出可以对此进行测量的量表；其次，结合品牌社群及品牌忠诚相关研究成果，笔者对品牌社群融入如何影响品牌忠诚这一问题进行了分析；最后，在系统梳理顾客价值、社群关系等相关文献的基础上，对影响品牌社群融入的因素进行辨识。

（二）实地访谈

在上述文献分析建立扎实的理论基础后，笔者选择了在相关领域富有理论和实践经验的专家，进行了开放式访谈，以帮助构建和修正理论框架，确定内在维度，提出研究假设。随后，笔者还选取浙江的车友会进行了实地考察，对其中的个别成员进行了半结构化访谈，修正研究假设。

（三）实证研究

在形成调研问卷后，笔者以浙江杭州、衢州及山东临沂的三个车友会为样本进行了包括小样本及大样本在内的问卷调查。基于小样本问卷，笔者使用了 CITC 等指标对初始量表的信度进行了检验。使用探索性因子分析方法对品牌社群融入度的测量条款及品牌社群融入因素的测量条款进行提炼，使问卷得以完善以适合接下来的大样本问卷调查。在大样本问卷调查中，利用结构方程分析法进行了验证性因子分析，对品牌社群融入影响因素的作用进行了分析。利用回归分析法，在考虑到产品使用时间的调节作用影响下，对品牌社群融入如何影响品牌忠诚进行了实证分析。本书实证分析所用到的统计软件是 AMOS 6.0 和 SPSS 15.0。

三、研究内容

本书主要围绕品牌社群融入来进行，探讨了品牌社群融入的影响因素及其对品牌忠诚的影响机制。本书主要包括以下内容：

第一，品牌社群融入度的测量研究。现有的社会学研究中，对成员融入社群后的表现有了较多的探讨，借鉴以往研究成果，结合我国家用汽车行业品牌社群特征，本书对品牌社群融入度的测量进行了研究。

第二，品牌社群融入的影响因素研究。主要包括对消费者加入品牌社群后，哪些因素会促使其融入品牌社群，以及对这些因素的作用强度进行了深入研究。

第三，品牌社群融入对品牌忠诚的影响研究。在考虑产品价格、产品使用时间等因素的调节作用下，品牌社群融入的各种表现对成员的品牌忠诚感会产生何种具体影响也将是本书的研究内容。

第二章 相关理论及文献综述

第一节 品牌社群

社群是社会问题的中心之一，学术界对它的研究已经持续了很长时间并且有了丰富的成果。对社群概念的解释有很多种，如Rothaermel & Sugiyama(2001)提出社群是指一些人有规律地聚集在一些，并且分享特定兴趣的一种现象；McAlexander，Schouten & Koenig(2002)在研究品牌社群时提出，一个社群是以其中的成员为主体构成，是一种关系体。在早期，由于交通等沟通方式的限制，人们所组成的社群主要局限在一个地域，特别是在乡村的社群更是如此。随着现代化进程的加快，学者们对于社群的理解不再仅仅局限在一个地方，很快就超越了这种束缚而延伸到其他领域。铁路、电话、杂志、电报及全国性商业打破了社群的狭义概念，使社群变成了超越地理上的概念。

另一方面，消费者和厂商之间的关系也在逐渐变化，消费者与厂商之间原有的链式关系（直线关系）逐渐被网式关系所取代。（林青，2006）一旦顾客不仅与企业建立关系，顾客之间也彼此影响时就产生了所谓的厂商与顾客之间的网式联结，顾客消费一种产品或者服务的兴趣开始受到消费者之间产生的社会联系和认同的影响，而并不仅仅在于这些消费客体（产品或者服务）本身。在网式联结中，企业被看作顾客之间关系的重要支撑点，公司的产品、服务和服务项目都围绕着顾客之间的这种联结开展。

与此同时，现代社会的营销内容出现了显著变化，品牌营销已经成为重点之一。20 世纪末，品牌已经成为现代社会的一个特点，任何东西慢慢都带着品牌的印记，甚至包括水和土及一些宗教社团也开始带有品牌的印记。(Jones，2003)对于现代营销的研究不可能脱离品牌来进行。随着品牌建设的逐渐深入，品牌也慢慢具有了自己特定的内涵，并且这些内涵对某些特定的人群产生了吸引力。

正是由于上述三方面变化的存在，使得消费者与消费者之间关系的力量逐渐突出，并形成一种实实在在的关系体，这一关系体即是品牌社群。

一、品牌社群的内涵

品牌社群内涵是学者们较早涉猎的内容之一，但对这一问题还存在一定的分歧。品牌社群内涵包括品牌社群的定义及品牌社群的分类。对于品牌社群的定义，国外学者最大的分歧在于品牌社群的核心，而对于品牌社群的空间范围及成员对象已经逐渐达成共识。

(一)品牌社群的定义

品牌社群(brand community)的概念由 Muniz & O'Guinn 两位学者在 *Journal of Consumer Research* 上首次提出，McAlexander，Schouten & Koenig(2002)等学者进行了完善。

Muniz & O'Guinn(2001)提出，品牌社群很早就已经存在，是一种专业性的、没有地理限制的社群，是基于一个品牌拥护者的社会结构，具有有限责任的特性，其反映的是把品牌植根于消费者日常生活中及消费者同品牌的交流、消费者同消费者的交流之中。他们认为，品牌社群可以在任何产品中产生，但更可能产生于那些能够产生深刻影响的、具有丰富历史的及存在激烈竞争的产品中。同样，在公共场合出现得越多的商品比私人商品越有可能产生品牌社群。

McAlexander，Schouten & Koenig(2002)把以前对于品牌社群的概念进行了延伸，他们首先指出，Muniz & O'Guinn(2001)提出的品牌社群概念是一个消费者—消费者—品牌的三维体，这点是正确的，但并不全面，至少还应该包括其他一些市场机构，并且是以核心消费者(focal customer)为中心的。应该说，品牌社群的这种定义涵盖范围更广泛一些，它重点强调了品牌社群中核心消费者的影响作用，并把相关机构也纳入品牌社群的范围之中。

Lynn & Earl(2001)提出的概念更加泛化，他们认为品牌社群是由一切与品牌相关的利益相关者构成(包括雇员、顾客、股东、供应商、战略伙伴等)。他们认为，良好的品牌形象是社群存在的基础，而利益相关者对于维护品牌形象及声誉至关重要，要保持品牌的吸引力就要善待所有的利益相关者，努力获得他们的支持，这是品牌社群存在和发展的动力。

Michael & Raj(2005)把品牌社群同宗教结合起来。他们认为，品牌社群可以描绘成在他们的成员之间进行经验交流后组织的群体，品牌社群拥有魔力、信仰及超自然的能力。

Bagozzi & Dholakia(2006)认为，品牌社群是那些对一个品牌具有同样热情并且成熟的社会团体，这些成员结成团体进行工作来完成共同的目标，并且表达出相互的情感和承诺。

国内学者中较早进行品牌社群(品牌社区)研究的是黄静和王利军(2004)。他们认为，由于消费者怀有对某一种品牌的特殊偏爱，他们感到这种品牌所承载的价值及其所宣扬的某种个性与他们自身的价值观和个性相契合，以至于这些消费者在心理上产生了共鸣，感觉到他们属于一个具有类似价值观的群体，他们便组织起来，并且有了一种集体的类似于宗教的虔诚。万婧(2005)指出，品牌社区(品牌社群)是指由在某一种商品或者服务消费中感受相同的消费者组成的群体。

此外,崔国华(2004)提出的营销部落(营销社区)也含有部分品牌社群的含义。他们认为营销部落是由社会成员在消费商品的过程中形成的情感和意义联结而成,成员之间有一种象征性和仪式化的心理契约。

对比国外学者与国内学者关于品牌社群的定义还可以发现,国外学者的定义中一方面包含了品牌社群内部个体之间的联结方式,另一方面还包含了品牌社群包含了哪些个体。而国内学者的定义则主要集中于个体之间的联结方式,对品牌社群所包含的个体阐述不多。

(二)品牌社群的分类

1. 按照品牌社群形式分类

Houman(2005)在研究时把品牌社群分为开放式(open community)和封闭式社群(exclusive community)(有人称为专业型社群和非专业型社群)。在对比两种社群后, Houman 发现,封闭式的社群主要针对的是专业人士(研究康乐宝这种医疗器械的品牌社群主要参与人群是有需求的护士),这些人在社群中进行专业知识的交流,社群所发挥的社会作用并不是特别显著,这些专业人士在品牌社群中进行私人之间的交流也比较少。相反,在开放式的社群中,不只是进行内部的交流,还通过提供详细的信息来协助病人(对康乐宝有需求的病人)进行专业治疗。专业人士对这种社群更加有兴趣不只是因为在这种社群中可以进行信息交流,而且还包括可以在这种社群中获得病人的需求。同时他也指出,针对专业性品牌社群的研究目前还比较少。

随着信息技术的发展,对于社群的分类还可以包括基于网络的虚拟社群(virtual community)和普通品牌社群。但有些人认为,虚拟社群只能是普通品牌社群的补充,如 Houman(2005)所述,虚拟联系最终的结果还是会出现面对面的交流。在大多数情况下,虚拟的社群交流应该是面对面交流的补充和支持而不是替代。

2.按照品牌社群依附的产品分类

按照产品分类,品牌社群的相关研究主要分为三类:一是对已经消失产品的研究。如 Michael & Raj(2005)对苹果公司的 Apple Newton 产品品牌社群的研究,这一产品现已停产。二是对快速消费品的研究。Cova & Pace(2006)指出,以往的研究是集中在奢侈品及冷门的、小众的、没有时效性的品牌社群(哈雷、梅塞德斯、萨博等),现在开始扩展到大规模消费品的品牌社群,如 Nutella(一种榛子酱巧克力)及意大利费列罗巧克力社群。三是对服务业的研究。Prykop & Heitmann(2006)研究了无线通信业的品牌社群,McAlexander,Koenig & Schouten(2004)则研究了教育产品的品牌社群。此外,还有部分学者对聚集在名人周边的品牌社群进行了研究。

(三)品牌社群的形成路径

国外学者对品牌社群如何形成的关注较少,已有研究提到主要包括以下两种:一种是由厂商主导建立。如现在的哈雷—戴维森社群(Fournier,1998;Schouten & McAlexander,1995)。这个社群在成立初期是由消费者自发形成的,但到了后来,厂商成为其发展的主要推动力,消费者购买了哈雷—戴维森的摩托以后,就会收到哈雷公司关于各种会议及活动的邀请,哈雷公司也会为社群活动提供资金支持。这种形成方式是现在比较普遍的一种,在国内很多汽车厂商、房地产公司都通过这种方式建立自己的社群。另一种是消费者自发组织,这种方式建立的社群数量也相当多,特别是随着互联网的发展,基于网络自发组织的社群数量不断增长。由于消费者自发形成的品牌社群更容易贴近消费者,其发展壮大速度较快。很多消费者自发形成的品牌社群在壮大后,由于产生的影响力较大,往往能够得到厂商的支持,甚至成为厂商的正式营销途径之一。

但应该指出的是,厂商主导建立和消费者自发形成并不矛盾,一种建立方式的存在并不妨碍另外一种建立方式。

如上所述,对于品牌社群的形成,国外学者一般只是简单提到可以由厂商推动建立,也可以由消费者自发形成,对于具体的形成途径,国外学术文章鲜有涉及,国内文献则对此进行了简要地阐述:

黄静、王利军(2004)指出建立品牌社群,要在以下几个方面进行:第一,努力发现和培植品牌社群;第二,宣传品牌社群的共同价值;第三,注重对焦点顾客的发现和培养;第四,建立和培养消费者之间的关系。

万婧(2005)提出了营销品牌社群的几种途径,这其中包括:广告(如移动公司动感地带的宣传)、杂志(资生堂"花椿"俱乐部的培养)、网络(资生堂的案例)、公关活动(如一些品牌车友会的建立)及会员制度。

侯方贵、曹绪军(2006)也指出了品牌社群建设需要注意的几个方面:第一,宣扬品牌社群的共同价值;第二,对焦点消费者的支持和培养;第三,定期并持续给予消费者以协助;第四,利用广告、杂志、网络等手段对消费者社群加以扶持。

周志民(2005)通过结合 Kotler(1972)的顾客让渡价值理论解决顾客为什么加入品牌社群的问题,通过 Oliver(1999)的顾客满意度理论解决顾客对品牌社群的态度问题,并最终提出了品牌社群的形成机制模型。

二、品牌社群融入及品牌社群融入度

不同的成员在品牌社群中会有不同的表现，不同的表现也反映了对品牌忠诚程度的不同。品牌社群融入度就是对成员不同表现进行刻画的一个变量。品牌社群融入描述了品牌社群成员在品牌社群中的心理感受，品牌社群融入度是对品牌社群融入深浅的一种刻画，它的大小直接影响品牌社群发挥作用的大小。因此，对于厂商来讲，正确测量成员的品牌社群融入度对于最大限度发挥品牌社群的作用具有重要意义。

(一)品牌社群中成员的不同表现

根据品牌社群成员在社群中的表现，Houman(2005)把品牌社群中的成员分为四类。第一，浏览者(browser)。这些人是那些经常浏览社群以寻找信息的人，但是他们并不把自己归属到这个社群中，在康乐宝产品的分析中，Houman认为这些人大多数是刚开始工作的年轻护士。第二，积极参与者(enthusiasts)。积极参与者是对社群有极高承诺以及忠诚度的人，他们积极参加讨论。在康乐宝品牌社群的研究中，基本上是那些中年护士。第三，较少光顾者(light browsers)。较少光顾者一般是一些年轻人或者产品的新使用者。这些人在今后可能会转化成任何类型。在康乐宝分析中，这些人主要是那些年轻的护士或者刚接触产品的那些人。第四，贡献者(contributors)。贡献者是那些具有对产品深度了解，但并不频繁参加社群活动的人，他们由各个年龄阶段的人所组成。

Langerak(2003)根据品牌社群成员的表现也将其成员分为类似四种，只是在命名上分别为访客(visitor)、成员(member)、贡献者(contributor)及传道者(evangelist)。

(二) 品牌社群融入

如果品牌社群成员不能够融入社群,仅仅作为品牌社群的访客,品牌社群就不能产生积极的影响。因此,品牌社群对消费者产生积极影响的前提是社群成员融入。品牌社群融入主要关注于把顾客吸引并保持在一个特定社群中的问题。

Houman(2005)在研究品牌社群融入时专门提到了品牌社群融入虚拟品牌社群中的一些特点:第一,基于网络的品牌社群活动提升了社群吸收新成员的能力。他认为网络在吸收新成员方面是一个强有力的工具,并被一些人看作是病毒营销技术。而社群对新成员的吸引又是品牌融入的重要体现。第二,基于网络的社群活动可以让他们得到更多的受众,并且使得这些受众参加到产品和服务发展的过程中。第三,在对比封闭式社群和开放式社群的关系时,他提到,在专业市场中基于网络的社群可以使得其成员增强社群的活动。

对于品牌社群融入的定义,Martin(1998)认为,可以被看作是一个特定的人被一个社群所激发的,反映出一定兴趣或者是感情依附的不可见的状态。McAlexander,Kim & Roberts(2003)则把品牌社群融入看作是对消费者与品牌、产品、公司及其他消费者之间的关系的衡量。

(三) 品牌社群融入度的测量

品牌社群融入度的测量主要依据成员在品牌社群内的表现。品牌社群是社群在营销中的一种反映,因此融入品牌社群的表现与融入社群的表现具有很大的相似之处。对于社群融入的表现,Anderson(1983)对以往学者的研究进行了一个总结,他认为社群融入体现在三个地方:一是同类意识,这一概念源于对社群的研究,它是一种能够感知到的成员之间的内在交流,正是由于这种交流，使得不同成员之间存在的差异在社群内部不存在了。同类意识是对意识的分享，而不只是对态度的分享。二是社群精神及社群传统的分享。社群精神及社群传统使得社群的历史、文化及意识形态得以传承。三是社群责任，社群责任是一种对其成员的权利和义务，也是品牌社群成员在面对品牌威胁时的一种共同行动。

品牌社群是一种反映把品牌植根于消费者日常生活中及消费者同品牌的交流、消费者同消费者的交流中的社会实体。社群融入的三个表现——同类意识、社群精神、社群责任在品牌社群中也许是存在的。

1. 同类意识

同类意识是社群最重要的一个特点。意识的共享是社群得以存在的前提，这一点对于品牌社群同样如此。Muniz & O'Guinn (2001)在解释同类意识时指出，品牌社群中消费者同品牌之间的联系是非常重要的，但是更重要的是，他们可以强烈地感受到同其他消费者之间的联系。很多人感觉到他们可以通过多种方式来认识其他人，即使他们从未见面。Muniz & O'Guinn(2001)同时提到，品牌社群中的同类意识超越了地理界限。但是，他们也承认，品牌社群中的同类意识由于添加了较为明显的商业及竞争的味道而显得非常复杂。

McAlexander，Schouten & Koenig(2002)在对吉普(jeep)汽车俱乐部成员的访谈考察中发现，许多社群成员存在被品牌社群排斥的担忧，同类意识可以在一定程度上减少这种担忧的程度。

Schau & Muniz(2002)指出，同类意识是社群内部成员感到的与其他成员的联系，表现出来的就是经常称呼为"us"或者是"we"，这种感觉自然地将社群成员与社群外人员进行了区分。

Algesheimer，Dholakia & Herrmann(2005)在分析品牌社群的社会影响力时指出，考虑到认知因素，对于品牌社群的辨认包括了一个过程，其中重要环节是消费者能够聚集且保持他们与社群的关系（如我认为我自己是这个社群的一部分），这就是同类意识。

黄静、王利军（2004）也提到，由于现在价值观的多元化，不同人所认同的价值观不尽相同，一些具有某种共同价值观的消费者可能就偏好某个品牌。一旦消费者形成了固定的对其向往的品牌的认同，就会产生比一般人更牢固的品牌忠诚，这就是同类意识的体现。

2. 社群精神

Muniz & O'Guinn（2001）提到社群精神在品牌社群中也是很明显的，它能够使得社群的内涵得以复制且在社群内外进行传播，这是一种社群文化层面的概念。他们又把社群精神进行了细化：一是对品牌历史的传播，如一个萨博的使用者会给大家一遍遍地重复萨博公司同时也在造飞机。萨博的网页中展现了萨博制造飞机的历史图片。二是分享品牌故事。Muniz & O'Guinn 认为，讲述品牌故事是创造和维持品牌社群的重要手段。同品牌社群成员阐述的对品牌共同体验的故事对于品牌的含义及品牌社群成员之间的联系有重要意义，甚至听这个故事的人每次都会表现得像是自己没听过这个故事一样。两个以上的成员聚集在一起的时候也会经常谈论品牌故事。分享品牌故事是加深品牌成员之间同类意识的重要途径之一。

对于社群精神，McAlexander，Schouten & Koenig（2002）提到，厂商应该积极主动地建设一个能够分享社群精神的平台。

Schau & Muniz（2002）提到，社群精神是已经渗透到社群中的一种传统和历史，表现为对品牌历史的重复及对品牌体验的述说。

黄静、王利军（2004）在分析社群成员的传统和精神时也提到，传统和精神是文化的具体表现。不同的文化和价值观具有不同的表现形式，这种表现形式就如同原始部落里人们所保留的传统和精神一样，代表了特有的价值观。

3. 社群责任

社群责任是一种“对于品牌社群整体，以及其中个人的一种责任或者义务的感觉”(Muniz & O'Guinn, 2001)，主要表现在：一是积极吸纳并留住成员，这涉及社群能否持续存在的问题；二是指导品牌社群成员正确并坚持使用这一品牌。

Schau & Muniz(2002)提到，社群责任是一个成员帮助其他成员的责任意识，包括了在购买商品时的耐心指导、提供解决产品使用问题的方法等。Muniz & Schau(2005)的研究中也提到，当消费者开始使用 Newton 后才发现，品牌社群对于使用这种复杂的装置是多么重要，特别是在该产品被苹果公司停产、得不到技术支持后更是显得如此。

黄静、王利军(2004)将社群责任看作是社群成员对于整个社群或者是社群成员之间的某种职责的认同，它产生了共同的社群行为，并且为社群的稳定起到了凝聚作用。

三、品牌社群对品牌忠诚的影响

品牌社群之所以得到越来越多企业的青睐，原因在于它对品牌忠诚能够产生影响，主要包括三方面：一是对成员的日常消费行为产生影响，这与品牌忠诚无关；二是能够对成员的品牌忠诚产生积极影响，这一点是以往研究的共识；三是能够对品牌社群成员的品牌忠诚产生消极影响，这一点逐渐得到越来越多学者的重视。

（一）品牌社群对成员日常消费行为的影响

Muniz & O'Guinn(2001)指出，品牌社群至少对消费者有三方面的好处：第一，消费者可以借助品牌社群发出比个人更大的声音；第二，给消费者带来了一个重要的信息渠道；第三，给品牌社群成员带来了更宽广的社会联系。

不止一个研究(Muniz,et al.，2005;Houman,2005 等)提到品牌社群对于其成员正确使用产品具有显著的积极作用。在这些社群中,成员们互相交流产品的使用、维修等信息,特别是对 Newton 这样一款苹果公司已经停产的产品更是如此。

Dholakia,Bagozzi & Pearo(2004)指出,不同的社群规模对于社群中成员的影响是不相同的。大型品牌社群中(活跃成员超过 50 人),消费者更多的是把品牌社群看作一个整体而没有注意到其中的每个个体。Algesheimer, Dholakia & Herrmann(2005)指出,大型社群中的消费者通常会希望寻找一些功能性的需求,相反,小型社群中的成员更多的是从事社会活动,寻找更多的情谊。对虚拟社群的研究显示,大型社群中成员更多的是想达到一些具体的目的,这同社群建立的初衷是相符合的,但小型社群中成员更多想达到的是抽象的目的。

周至民(2005)提出了品牌社群对消费者价值的影响研究现在仍是个空白,通过探索性的因子分析,他提出了品牌社群对消费者能够产生财务价值(指的是顾客成为会员后,从中获得的财务利益,如成为会员后享受的打折活动)、形象价值(一个会员身份给顾客带来的社会地位和声誉)、服务价值(非会员顾客享受不到的信息价值和附加价值),以及社交价值(会员与其他会员沟通所获得交往的愉悦及由此形成的归属感)。

(二)品牌社群对成员品牌忠诚的积极作用

Houman(2005)以基于网络的品牌社群为研究对象,从品牌社群融入的角度提出了品牌社群对于品牌忠诚的影响,但他所使用的方法是通过访谈进行,没有进行实证检验。

Michael & Raj(2005)的研究表明,品牌社群中消费者对品牌的忠诚主要表现在四个方面:一是通过社群所提供的技术等方面的支持，使得成员可以接受或者忽略产品的缺陷；二是通过传播一些案例来加深大家对品牌的忠诚；三是加深对使用产品带来的优越感的印象；四是创新出了一些使用产品的新方法。这些都要以品牌社群为平台才会出现的。

Algesheimer, Dholakia & Herrmann(2005)、Franke & Shah(2003)、McAlexander, Schouten & Koenig(2002)、McAlexander, Kim & Roberts(2003)、Houman(2005)等都提到品牌社群对于社群成员产生品牌忠诚有积极作用。

除了传统意义上的品牌忠诚以外，品牌社群还会产生另一种形式的忠诚，即反向品牌忠诚(oppositional brand loyalty)。某种意义上说，选择一个品牌代表了对一种生活方式的接受与认同，因此反向品牌忠诚可以被看作是对竞争产品的对立态度。(Muniz & O'Guinn, 2001) Englis & Solomon(1996)及 Hogg & Savolainen(1997)指出，Belize 社群中的消费者更多的是通过展现他们排斥竞争产品而不是追求所拥有的商品来表现自己的忠诚。Maffesoli(1996)将这种排斥升级为消费者之间的对立。

(三)品牌社群对品牌忠诚的消极作用

品牌社群除了对品牌忠诚具有明显的积极影响外，也可能产生消极影响。Algesheimer, Dholakia & Herrmann(2005)在对欧洲德语国家的汽车俱乐部(福特探路者、大众帕萨特)进行考察后得出的结论就是，品牌社群也可能会对消费者产生负面的影响。Muniz & O'Guinn(2001)指出这种负面影响有两类：一是品牌社群一定意义上延误了产品的更新换代；二是特别对以网络为主要媒介的社群，流言甚至是恶意流言传播速度非常快。

针对这些消极作用，Algesheimer, Dholakia & Herrmann(2005)对厂商如何建设品牌社群提出了一些建议，如多采用更加隐蔽的方式来支持品牌社群。

国内的林青、肖阳(2006)也指出,品牌社群是一把双刃剑,任何公司为品牌社群所做的工作,都是在利用社群和抑制社群之间进行博弈:一方面要确保良好的品牌信息能够在社群中得到准确和广泛的传播,并促使这类积极信息可以向社群的外围辐射;另一方面,企业也需要避免不利的或者被误读的品牌信息在这样一个社群里广泛流传,以免对品牌造成大范围的负面影响。

四、品牌社群研究中的常用方法

对品牌社群的大量研究始于 20 世纪 90 年代,在以往的研究中,所使用的方法较为多样。在这些分析方法中,除了非常普遍的理论分析以外,其他研究方法总结下来主要有:

(一)案例研究

案例研究是品牌社群研究中应用较多的研究方法之一。在早期的研究中,主要采用了理论分析和案例研究相结合的方式对品牌社群进行研究。如在 Muniz & O'Guinn(2001)的研究中选择了 Fairlawn 小镇上的四个社群(萨博汽车、米其林论坛、苹果电脑及野马汽车)作为案例研究的对象进行分析。McAlexander, Schouten & Koenig(2002)也是用案例分析的方式对相关研究结果进行佐证。

(二)实证研究

随着研究的逐步深入,实证研究特别是一些数理统计方法逐步应用到品牌社群的相关研究中。Schau & Muniz(2002)在他们的研究中使用了问卷调查和内容分析的方式。在他们的研究中选出了 88 个不同的个人网站,对大概 1300 个网页的信息进行分析,并且还利用了回归等方法对问卷调查所得数据进行了分析。McAlexander, Schouten & Koenig(2002)在他们的研究中则用到了因子分析、方差分析等方法。

对于品牌社群的研究方法，经历了从简单的访谈到现在的实证分析的演化，并且社会网络分析法、内容分析等方法也逐渐应用到品牌社群的研究中，学术界对品牌社群的研究也越来越成熟。

五、品牌社群研究可以进一步深化的方向

我国学者对品牌社群的研究主要在2000年以后。对品牌社群的研究还有很多可以继续深化的地方：

(一)品牌社群成员状态的研究

以往对品牌社群成员的专门研究主要集中在对品牌社群成员的分类及品牌社群对其成员会产生何种影响上。对品牌社群成员的分类主要依据成员参加品牌社群活动的频率及方式来进行，这种划分方式略显简单和缺乏足够的理论支持。如果能用一种更为详细、更为科学的划分方式对品牌社群成员的状态进行区分，对研究如何建设品牌社群、如何更大程度上发挥品牌社群的作用具有积极影响。

(二)品牌社群融入影响因素的研究

以往对成员参加品牌社群或者融入品牌社群的影响因素已进行了一定的研究，但这些研究只是针对个别变量进行的理论分析或者是实证研究，缺乏研究的系统性，这样往往会导致对某些影响因素的遗漏。此外，由于对品牌社群成员状态描述不清晰，导致在影响因素的辨识上无法做到有的放矢。

(三)品牌社群融入对品牌忠诚影响的研究

以往的研究对品牌社群融入对品牌忠诚影响也有所涉及，但大多数研究采用理论分析的方式，只是说明了品牌社群对品牌忠

诚具有哪些积极作用及消极作用，但对于品牌社群如何影响品牌忠诚的研究还相对较少。且在已有的大多数实证研究中，往往将品牌社群融入及品牌忠诚都作为单一变量来考虑，这样虽然容易测量，但容易导致对品牌社群作用机制研究的缺失。

第二节　顾客价值

企业的管理者对企业的竞争优势来源的关注焦点在一步步地转移。从关心产品质量开始，到关心消费者的感受，再到追求消费者的满意。但对消费者满意的过分追逐也显示出很多不足：首先，许多组织仅仅将消费者的满意作为目标及战略，却忽视消费者满意的测量(Dutka，1994)。其次，即使那些真正重视消费者满意的企业也很难清楚地知道做哪些工作对提高消费者满意更有意义。(Dutka，1994)如果只片面追求消费者满意也无法使消费者得到切身的实惠。最后，随着消费者满意度测量的开展，企业也发现了一些问题。在某些时候，消费者满意的数据并不能够同企业绩效很好地挂钩，如在消费者满意研究的框架中很难解释消费者可能对某一公司的产品感到满意但却购买了其他公司的产品(Jones，2003)。在某些情况下，即使某些企业发现了消费者满意与绩效之间存在一定的关系，这种关系也会随着时间的变化而发生变化，特别是在消费者的使用及欲望发生变化时更是如此。这些问题都使得管理人员对消费者满意测量的结果没有信心。

在这种情况下，越来越多的组织开始将目光投向消费者价值(customer value)传递(Day，1992；Band，1995)。目前，很多公司都将消费者价值提到了竞争战略的高度，有些甚至公开将价值作为他们的竞争宣言。例如，美国的快餐连锁商 Taco Bell 提出了提供“value menus”，一些汽车厂商诸如奥兹莫比尔提出了他们的产品能够提供价值，航空公司也在宣传“价值经营”。通用电气公司的前任 CEO 杰克・韦尔奇就宣称：“价值时代正在向我们靠近，如果你不能以最低的价格销售最高质量的产品，那么你将会从现在的游戏中出局。”(Sherman，1992)

学术界关于顾客价值的研究已经成为营销学界重点关注的内容之一。价值创造现在被描述为“新的市场追逐热点”及“20 世纪 90 年代的销售方式”。现在的消费者也感受到了顾客价值的冲击，开始更多地关注起价值来。

一、顾客价值的分类

对价值的理解是从消费者带来的价值及给予消费者的价值两个方面进行的。在早期的文献中，对价值的关注更多是从消费者能够给厂商带来的价值角度进行，其重点是测量消费者资产(customer's equity，CE)及消费者的生命周期价值(customer life-time Value，CLV)。现在所提到的价值，更主要的是指能够给消费者带来的价值，也就是现在通常所说的顾客价值(Anderson & Narus，1999；Woodruff，1997；Zeithaml，1988)。最初的研究表明，顾客价值对于厂商的成长及利润提升具有重要意义，这是早期顾客价值研究的关注点，即从顾客获取价值着手，而其后越来越多的研究则显示，厂商必须关注他们可以给客户提供何种价值。这在竞争加剧及顾客需求不断提升的现在更是如此。目前所提倡的获得价值战略就是一种以价值赋予为基础的企业竞争战略。厂商必须通过增加顾客所能接受的产品的单价范围内所包含的质量和收益来提升顾客的获得性价值。(Bolton & Drew，1991；Dodds，Monroe & Grewal 1991；Zeithaml，1988)当然，从消费者处获得的价值与给予消费者的价值是因果关系，正如 Ambler 等(2002)指出，如果厂商能够深刻理解顾客价值，那么厂商的利润也会持续下去。

对顾客价值含义的解释，最早可以追溯到1972年Kotler所阐述的顾客价值的内在含义。他指出了企业在竞争过程中必然会重视的几个东西，其中之一就是“创造及提供价值，并且这种价值从市场角度来讲是客观存在的”。他还阐述了营销人员在尽力知晓市场中的价值并增加附加价值。(Gale，1994)近年来，顾客价值已经成为营销领域的一个热点词汇，学者们对顾客价值的研究有很多，总结下来可以分为三类。

第一，成本观，是指从经济学的角度考察顾客为得到市场中的东西而进行的必要付出。(Anderson & Narus，1990)换句话说，顾客价值不是一种感知，而是在客观意义上衡量顾客的支出。这种情况下，顾客价值是可以精确测量的。但这种解释对个人因素没有考虑，被引用得并不多。

第二，权衡观。在这种观点下，顾客价值是顾客对产品效用的感知与他们为获得这种效用所必需的付出之间的权衡。(Ulaga & Chacour，2001；Woodruff，1997；Gale，1994；Zeithaml，1988)顾客价值权衡观研究的脉络经历了从单纯的质量感知到效用感知的过程。在早期的顾客价值权衡观研究中，所提出的质量概念是针对用产品价格来衡量的质量感知，被理解为“合理价格所获得的质量”，并且将顾客价值看作是比质量更加重要的影响因素，进而提出了消费者能够支付得起的质量的概念(Gale，1994)。因此，对于厂商来讲，除非是提供了合适的价格，提供高质量的产品或者服务不再被看作是成功的标志。在权衡观下，对顾客价值的理解同样是一种可以感知的东西。但正是由于感知所具有的无形性，导致对顾客价值的衡量会比较困难，都很难量化。在随后的权衡观研究中，很多学者开始提出其中所获得的收益不仅仅是质量，同样所付出的也不仅仅是价格。(Slater & Narver，2000)价值可以被理解为“消费者基于他们感知到的所得及付出而做出的对产品效用的总体评估”。(Zeithaml，1988)Slater & Narver 指出，价值可以通过增加相对于成本的收益来获得，或者是通过减少相对于收益的成本来获得。在这一阶段的研究中，消费者都被假定为是理性人，他们都将获得产品的效用作为达到自己消费目的的方法，都在追求合理价格下的效用最大化。并且，这种效用是顾客对产品质量或者利益所感知到的效用。还需要指出的是，在顾客价值权衡观下，消费者使用产品时所必须付出的花费与厂商生产产品的花费具有明显的不同。

在当前的研究中，多数学者都认同顾客价值是在包含收益及贡献情况下的权衡（Hauser & Urban，1986；Zeithaml，1988），权衡观也是目前被学术界接受程度最高的观点。

第三，体验观。无论是顾客价值成本观还是权衡观，都非常看重消费者的感知支出或者获得，理性程度非常高，从而忽视了消费者的消费体验，忽视了消费者在消费产品或者享受服务时主观意识形态的作用，在那些消费过程本身和产品本身不可分离的服务类消费中更是如此。由此，顾客价值的体验观浮出水面，这种观点以精神现象考察为重点。众多学者认为，顾客价值是顾客在使用了生产者所提供的产品或者服务，并且发现其所提供的额外价值后和生产者所建立起来的情感联系。（Butz & Goodstein，1996）

二、顾客价值的影响要素

顾客价值是作为一种主观的感知而存在于消费者的意识中。Naumann（1995）指出，价值本身是一个非常简单的概念，但是由于其被不同的消费者所理解因此变得复杂起来。综合起来，能够影响顾客价值的要素主要有：

（一）质量和价格

质量包括了产品及服务的贡献。（Gale，1994）产品质量方面的贡献包括了产品在满足消费者期望上的一些特征。不管是服务还是产品所能够给消费者带来的质量方面的感知都会影响顾客价值，只不过服务质量给消费者带来的价值往往是无形的。

除了产品质量和服务质量，价格也是价值的主要影响因素，很多学者都阐述了价格在顾客价值研究中的重要性（Lapierre，2000；Ulaga & Chacour，2001；Wilson，1995）。价格，从价值研究的角度来讲，是指消费者为了获得产品而必需的付出。（Zeithaml，1988）

正如 Naumann（1995）所提出的，一个企业如果想在价值提供上取得优势，必须能够在产品质量、服务质量及价格上做到完美匹配，这三个方面的任何一个缺失都会导致价值的缺失。顾客为得到价值所必须付出的价格是基于产品和服务质量的。如果产品和服务质量很差，价格也就不会存在了，但是如果价格太高，供应商也不能进行足够的销售和产生足够的利润，从而也会导致整个结构的垮塌。

（二）竞争优势

顾客所能感知或者体验到的价值也是相对的。基于顾客价值的企业竞争能力主要基于以下三个问题："竞争型品牌如何提供这些因素？""顾客最关心的价值因素（影响购买的主要因素）是哪些？"，以及"这些因素中哪几个是相对重要的？"。

（三）厂商与消费者之间的关系

随着顾客关系日益得到重视，越来越多的学者认识到顾客价值受到厂商和消费者之间关系的显著影响。Lapierre（2000）提出，同供应商之间的较亲近关系能够促进顾客对产品的更积极地评价。产品或者服务的质量是影响顾客价值的核心要素，但并不是唯一因素，消费者与厂商之间的关系也能够产生重要影响。因此，消费行为的两个主体可以通过达成一致意见来满足消费目的（Ravald & Gronroos，1996），即使产品并不能完全使消费者感到满意。

(四)消费者所面临的客观环境

一些学者提出,对于顾客价值的理解应该是在特定环境下消费者的收益和付出的权衡。消费者所面临的客观环境,主要包含了风险等因素。Day & Crask(2000)就曾提出与产品或者服务相关的风险也应包含在顾客价值评估中。

(五)企业自身状况

就像企业DNA研究中所提到的,企业的DNA决定了企业的宿命,决定了企业在决策权、信息传导、激励机制及组织架构上的不同。(贾生华、刘勇,2006)而企业运行的好坏、企业运行的特色都在很大程度上影响顾客对顾客价值的感知。也就是说,企业在决策权、信息传导、激励机制及组织架构上表现的好坏直接影响顾客价值的高低。

(六)消费者的个人因素

消费者的主观因素也可以影响顾客价值,如消费者的精神压力等。

三、对于顾客价值的一些共识

虽然学者们对顾客价值有不同的定义,但也逐渐取得了一些共识。总结以往关于顾客价值的研究文献,学者们所认同的关键点主要有为顾客所感知,是在同卖方所提供的产品或者服务接触过程中的积极和消极结果的一种权衡,与消费者的使用或接触环境有关,与卖方的行为有关,能够使消费者达到他们的目的等。

(一)顾客价值是被顾客所感知的

顾客价值与厂商价值显著不同的是顾客价值需要顾客的感

知。(Woodruff,1997)顾客价值是顾客在使用某一产品或者体验某一服务时内在的东西,这一特征能够使得顾客价值与厂商价值区别开来。厂商价值可以像划分产品或者服务的好坏一样简单地区分出好与坏、对与错,但顾客价值就没有这种评判标准。顾客价值是被消费者个人感知的,因此就存在异质性。

(二)价值和产品或者服务联系在一起

按照 Woodruff(1997)的解释,顾客价值是同产品联系在一起的。这一特性就将顾客价值同个人及组织"价值"进行了区分。Ratchford(1975)提出,消费者的需求是建立在他们对产品特性及对这个产品能够提供什么进行了解的基础上,而不是建立在单纯地对于产品或者品牌了解的基础上。Myers & Shocker(1981)提出,消费者所使用的产品特性决定了价值的物质特性,这是在认知领域产生的。同时,价值不仅仅是同产品的特性联系在一起,而且也同服务的特性相联系,如大学通过提供高质量的课程或者服务等来提供价值。

(三)顾客价值与使用情境高度相关

顾客价值是消费者在特定使用情境下使用了某种产品后得以产生的。事实上,当使用产品的环境发生变化时,期望的价值及价值判断也会发生变化。(Gardial, Clemons & Woodruff et al., 1994;Zeithaml,1988)Woodruff(1997)坚持消费者使用环境对于消费者非常重要,市场研究人员应尽力了解消费者是如何感觉这一产品所带来的价值的。

(四)顾客价值是一种权衡的结局

顾客价值是顾客在综合考虑了他们的获取(质量、收益以及效用)及他们所必须的放弃(价格或者是牺牲)后的权衡。(Holbrook，1999；Sheth，Newman & Gross，1991；Woodruff，1997；Zeithaml,1988)在以往研究过程中，这种权衡一开始被看作是质量和价格的权衡。(Zeithaml,1988)但是，现在对于价值的研究将这种权衡慢慢扩展到包括付出和收益(Woodruff,1997)的权衡，这些付出可能包括价格、时间或者是所花费的精力。

四、顾客价值的内涵

在以往研究中，对顾客价值的分类有非常多的讨论，顾客价值的研究在很大程度上也是关于价值种类的研究。(Holbrook，1998)由于对顾客价值理解的不同，导致了对顾客价值的分类出现多样化。

(一)两种顾客价值

Garver(1996)在谈到买方—销售人员之间的关系中卖方所创造并传递的顾客价值时提出两种类型的价值，即功能价值及心理价值。功能价值在产品中同使用价值相类似，是同产品或者服务相对应的价值。心理价值是价值创造及价值传递的中心内容，更多同买方的心理感受相系。

Woodruff(1997)以方法—目标理论来研究顾客价值。他提出，从本质上讲，方法—目标理论是用一种层次式的方法对顾客和厂商之间的关系进行了刻画，顾客价值就此可以分为获得价值与渴望价值。

(二)三种顾客价值

Rust & Zahorik(1993)在考虑了消费者认知及情绪上的感受以后，将顾客价值分为外部价值、内部价值及系统价值三种。外部价值指的是消费者对服务事件与服务过程在功能性与实用性上的认知，着重强调消费者对结果的感知；内部价值指的是消费者对服务事件与服务过程在情感上的评价，强调对情感的评价，并不着重考虑对结果的评价；系统价值则是指消费者对服务事件中所获得的收益与所承受的牺牲之间权衡的一种感受。

Park，Jaworskin & Maclnnis（1986）在*Journal of Marketing*中将顾客价值分为功能性价值、体验性价值及象征性价值。所谓功能性价值，是指消费者在面临已经或者可能发生的问题时，可以获得的帮助。体验性价值是对顾客多样性、感官愉悦及认知上刺激的需求。而象征性价值则是对顾客自我实现及社会关系的需求。

Oliver（1999）将顾客价值分为成本价值、品质价值及感知绩效三部分。成本价值（cost-base value）指的是消费者所感受的不是产品本身，而是实际感受到的产品或者服务的效用，这种效用可以用金钱衡量，也可以不用金钱来衡量。品质价值（qualitatively value）指的是消费者对产品相对品质的感知。这种感知强调的是产品品质好坏的顺序。感受绩效（performance outcomes）指的是消费者对消费过程的一种感受。消费者的感受可能会转化成高兴、划算等感受。

Court，Thomas & Tim（1999）则提出，顾客价值的重点应该由单一地强调功能利益转化为同时强调功能性利益、关系性利益（relationship benefits）及程序性利益（process benefits）。功能性利益和上述功能性利益的内涵一样，在此不再叙述。对于程序性利益，是指消费者可以在交易过程中感受到的更简单、更便宜、更快速及更愉快的收益。关系利益指的是消费者可以意识到有更多的额外收益，这些收益来自于本身的身份、隐私及购买行为。

（三）四种顾客价值

Kotler（1972）认为，顾客价值是顾客期望从特定产品或者服务所能获得的利益的集合。Kotler 将顾客价值分为产品价值、服务价值、个人价值及形象价值四种。

Anderson,Jain & Chintagunta(1993)在谈到B2B环境下的顾客价值时指出,顾客机制包括经济、技术、服务及社会价值。Derose(1991)也提到B2B商业环境下要特别重视这四种价值。

Weingand & American(1997)以图书馆的读者为样本对顾客价值的分类进行了研究,提出顾客价值可以分为期望价值(expected value)、基本价值(basic value)、不可预期价值(unanticipated value)及渴望价值(desired value),它们之间具有一定的逻辑关系,其中期望价值和基本价值最易感知,也是顾客最需要的,其次就是渴望价值,最后则是不可预期价值,这种价值往往就是一种出其不意的感觉,是顾客从惊喜中获得超值的体验。渴望价值及不可预期价值是企业产生竞争优势的最有利来源之一。

(四)五种及以上的顾客价值

有些学者对顾客价值的分类则更加复杂。Sheth, Newman & Gross(1991)提出顾客价值共有五种类型:功能、社会、情感、认知及条件。

Holbrook(1998)则对顾客价值的分类进行了总结,提出顾客价值的分析框架应该包括外在价值和内在价值、主动价值与被动价值、自我导向价值与他人导向价值三类,基于此框架,他将顾客价值分为了效率、卓越、地位、尊敬、享乐、美感、道德及心理八种。

对于顾客价值中每一种价值的具体含义,学者们的研究也开始逐渐达成统一。考察上述顾客价值的分类可以发现,学者们对于功能价值、象征性价值及社会价值有较多的共识,具体表现为以下几方面。

第一,功能价值。功能价值是学者们对顾客价值的分类中具有普遍认同的一点,它相比产品的非功能性价值及情感价值也更加重要,代表了产品或者服务满足消费者效用目的的能力。功能价值被认为是能够有助于买方的收益和成本的权衡，确切说，是更低的产品价格及更高的产品质量，消费者所获得的顾客价值也就越大。这种质量是一种广义的质量，其中包括产品的质量、产品的市场竞争性、产品的创新性、产品投放到市场的速度及产品的上架时间。

第二，象征性价值。较早的象征性价值是指人们购买产品不只是为了他们可以做什么，并且是因为这些产品对他们意味着什么。McCracken(1990)对这观点有自己的理解，他的解释是“消费者对产品有一种超过产品本身的特征及商业价值的东西”。

第三，社会价值。社会价值是影响其心理的收益和成本的一种权衡。Holbrook(1994)称认同价值是来自于“一个人对于自己地位及声望的态度，以及其他人的意见”。这一概念被很多其他学者所引用。应该说，社会价值同Garver(1996)所描绘的个人心理价值相类似。

除了上述四种讨论较多的顾客价值种类以外，部分学者还从情感价值、认知价值等方面对顾客价值的种类进行了区分。

第三节　品牌忠诚

建立顾客对品牌的忠诚是营销的最重要目标之一。企业支持品牌社群、建立品牌社群的目的也是为了树立和提升品牌忠诚。在本书中，研究的重点在于品牌社群融入对品牌忠诚能够产生何种影响，因此对品牌忠诚的影响因素是顾客满意、转换成本，还是品牌信任没有进行过多地涉及。

一、品牌忠诚的行为观

最早对品牌忠诚的研究即从行为观角度进行，提出顾客重复购买的行为即代表着品牌忠诚。正如 Tucker(1964)所述,如果一个顾客能够连续三次以上购买同一品牌的产品,就应该将此顾客看作是忠诚的顾客。他提出这一观点的理由是,把握顾客到底在思考什么是很困难的,那么将顾客的行为作为衡量标准应该是可靠的。Newman & Werbel(1973)的研究也认为,忠诚的顾客会去反复购买同一品牌的产品,这些顾客不轻易去考虑其他品牌。

但单纯以重复购买行为来说明品牌忠诚明显有不当之处:第一,硬性地规定重复购买次数显然不科学,无法让人信服;第二,持续重复购买的情况很难达到,有些耐用消费品本身不会多次购买,有些消费者偶然选择了其他品牌产品,也并不代表他们不忠诚。因此,有学者开始对单纯以购买行为累加作为衡量品牌忠诚的观点进行改进,其中最典型的代表是采用购买行为发生的相对数而非绝对数。Cunningham(1956)提出购买次数的比率作为衡量忠诚的指标。Lipstein(1959)则不仅仅从相对次数上对品牌忠诚做出了阐述,还提出了在品牌上停留的时间也是衡量品牌忠诚的重要指标。

但应该看到,无论是从相对概念还是从绝对概念上看,品牌忠诚的行为观都存在明显的不足:第一,以往的研究对象主要集中在有形产品和快速消费品上,由于服务类产品的无形性导致很难通过行为来研究品牌忠诚;第二,在 Jacoby & Chestnut(1978)明确提出行为忠诚和认知忠诚的概念后,很多学者通过研究均证明了重复购买行为不是品牌忠诚的充分条件(张月莉等,2007);第三,顾客的真实忠诚和虚假忠诚无法单单从行为上进行有效区分,如果顾客缺乏其他选择,虚假忠诚也可能就会产生。(Day,1992;Jacoby & Chestnut,1978)

二、品牌忠诚的意向观

由于单从购买行为角度来衡量品牌忠诚具有明显的漏洞,因此，在随后的研究中逐步将顾客的内心感受纳入考察范围，逐渐产生了品牌忠诚的意向观。

Jacoby(1971)较早地提出了品牌忠诚是一种心理反应的结果。按照严浩仁(2005)的总结，意向忠诚作为一种主观的心理状态或者态度，是指可以通过测量顾客与企业之间的情感联系来衡量品牌忠诚。但意向忠诚一个明显不足之处在于非常难以衡量，要完全适用主观数据。因此，在随后的研究中，更多是将行为忠诚与意向忠诚进行结合，体现出品牌忠诚的综合观。

三、品牌忠诚的综合观

正是由于顾客忠诚是一个复杂的现象，用任何一个单一维度衡量都有失偏颇(霍映宝、韩之俊，2004)，现在在对品牌忠诚测量时用得最多的还是综合观，即将行为观与意向观进行综合。从20世纪60年代末开始，从行为和态度两个方面综合对品牌忠诚进行研究渐渐成为主流。

Jacoby & Chestnut(1978)指出，品牌忠诚的测量必须将行为和意向进行结合，品牌忠诚不能仅仅体现在实际购买行为上，还要体现在潜在态度和偏好上。Dick & Basu(1994)提出，顾客忠诚是对重复购买的一种长期承诺，涉及重复购买这种行为忠诚及长期承诺这种态度忠诚。Gremler & Brown(1996)提出，品牌忠诚是顾客在重复购买特定服务上的重复程度，并且还表现出将来选择这家企业的倾向。Oliver(1999)提出，顾客忠诚就是对自己所偏爱的产品或者服务的承诺，并且自己还应在将来表现出同样的重复购买行为。这其中，既提到了承诺这种意向，也提到了重复购买这种行为，是比较典型的品牌忠诚的综合观。他提出品牌忠诚的具体衡量应该包括认知忠诚、情感忠诚、意向忠诚及行为忠诚。但其忠诚的四维观和忠诚的二维观之间没有本质上的区别，都强调了忠诚的态度维度和行为维度。(杨晓东，2007)

国内学者计健、陈小平(1999)把品牌忠诚分为行为忠诚和情感忠诚两方面,认为行为忠诚是指消费者对某一品牌产品的持续购买,而情感忠诚是指消费者对某一品牌表现出来的持续购买的欲望和行为。并且他们还提出了一个“行为—情感”二维坐标模型,并对此进行分析。赵定涛等(2004)认为,品牌忠诚是指由于产品或者服务的质量、价格等因素的影响,使消费者对特定的品牌产生感情倚赖,并表现出对该品牌的产品或者服务有偏向性的行为反应。陆娟、张东晗(2004)将品牌忠诚看作是一种行为过程和心理决策的统一,并将行为上的重复、情感上的欲望及支出比例作为品牌忠诚的三种表现。严浩仁(2005)指出,需要通过将顾客对产品的偏好性、转换品牌的倾向性、购买行为的频繁性及购买总量等各方面因素综合起来测量顾客忠诚度,是一种行为和态度的综合考虑,增加了顾客忠诚的表述力。

四、反向品牌忠诚

很多研究都通过分析消费者消费什么和如何消费来阐述品牌忠诚。(Belk & Costa,1998;Celsi,Rose & Leigh,1993;Englis & Solomon,1995;Schouten & McAlexander,1995)但现在越来越多的研究表明,消费者不仅仅可以通过他们消费什么来证明他们对品牌的忠诚,而且还可以通过他们不消费什么来表现他们的忠诚。(Englis & Solomon,1997;Fournier 1998;Hogg & Mitchell,1996;Hogg & Savolainen,1997)例如,Hogg & Savolainen(1997)发现,消费者在选择品牌时除了表明自己对某种生活方式所具有的喜好以外,还向外透露出对某种生活方式不喜欢的态度。更重要的是,消费者有时会表明他们属于某一群体而刻意地不选择某一品牌。这就从另外一个方面表明消费者对某一品牌的选择除了可以证明他们是某一品牌的拥护者以外(Solomon & Englis,1997),还可以证明他们是某一品牌的反对者(Hogg & Mitchell,1996)。笔者将这种现象称之为反向品牌忠诚，即以通过支持他们所喜爱的品牌来表达他们的忠诚，也可以通过反对与他们喜爱的品牌相竞争的品牌来表达他们的忠诚，这些态度或者行为可能会贬低竞争品牌的消费者。

五、对现有文献的相关述评

综观上述对品牌忠诚的相关文献可以发现，对顾客忠诚分类的研究逐渐趋于一致，并且呈现出一定的脉络性。

第一，对于品牌忠诚分类的研究呈现出行为观、意向观到综合观的阶段性。最初对品牌忠诚的研究呈现出明显的行为观特点，即以顾客对某一品牌的重复购买作为衡量忠诚的唯一因素。随后，鉴于行为观呈现出的无法衡量虚假忠诚等缺点，对品牌忠诚的分类研究发展到了意向观阶段。很快，学者们将行为观与意向观进行了综合，提出了品牌忠诚的综合观。应该说，现在对品牌忠诚的研究进入了一个趋于一致的阶段。

第二，随着越来越多的品牌被赋予丰富的内涵及人们追求个性时代的逐渐来临，消费者呈现出一种独特的忠诚——反向品牌忠诚。对于这种品牌忠诚形式，学者们现在研究得还不够多。但对于有关品牌社群的研究来讲，这种类型的忠诚是不可回避的。

第三章　品牌社群融入表现的测量

不同成员加入品牌社群后的表现有所不同，这些表现直接影响成员的品牌忠诚。加入品牌社群是品牌社群对成员的品牌忠诚产生作用的前提，融入品牌社群才是品牌社群对成员的品牌忠诚产生作用的核心。正如 Bagozzi & Dholakia（2002）及 Fischer, Bristor & Gainer(1996)所述，融入品牌社群被看作是社群存在的核心及品牌社群能够发挥作用的关键要素。因此，有必要对社群成员在社群中表现出来的状态进行分析、测量。本章主要根据以往研究开发出适合中国背景下的品牌社群融入程度测量量表，并结合家用汽车行业进行具体实证分析。

第一节　文献回顾

一、品牌社群融入的表现

大多数学者认为品牌社群融入的表现与社群融入的表现是一致的，即表现为同类意识、社群精神及社群责任也可以作为品牌社群融入程度的测量维度。

(一)同类意识

同类意识是社群最重要的一个特征，可以被看作是品牌社群内成员之间“我们”的感觉,它代表着品牌社群内部的成员同品牌的紧密联系,而且与其他成员也存在着紧密联系。这种联系给人们带来的感觉只有在品牌社群内成员之间才会出现,而与非品牌社群内的成员之间则没有。(Muniz & O'Guinn,2001)

同类意识是品牌社群成员在融入品牌社群后的一种表现。当一个人只是简单地加入这一品牌社群后,他同其他成员并不熟悉,对品牌社群的相关活动及规章制度等也不熟悉,在品牌社群内的社会联系及相互交流也会比较少。(Langerak,Verhoef & Verlegh et al.,2003)随着品牌社群成员所获得的顾客价值越来越多,其感受到的社群关系也越来越强烈,成员开始出现分化。一部分成员由于个人时间、精力等问题,或者本身对社群内事物不感兴趣而逐渐成为品牌社群的访客,有些最后还慢慢退出品牌社群。另一部分成员则逐渐接受品牌社群,开始更多地参与到品牌社群的活动中,积极与其他成员建立联系,熟悉品牌社群活动的规则。(Wang & Fesenmaier,2004;Langerak,Verhoef & Verlegh et al.,2003)随着时间的推移,这些人会逐渐产生一种归属于品牌社群的感觉(Szmigin & Reppel, 2004),也就是“我们”的感觉。正如McAlexander, Schouten & Koenig(2002)在研究了Jeep品牌社群后发现,一开始没有参加或者刚参加品牌社群的人是不会感受到归属感的。

融入品牌社群后同类意识是能够逐渐加深的。一是因为某一成员在融入品牌社群后,会感觉到成员之间无论在意识还是行为上非常相像,自己与其他人的关系会由此加深。二是因为随着品牌社群的成员融入品牌社群后参加活动的次数逐渐增多,占用的精力也越来越多,而每个人的精力是有限的,他们就势必会减少非品牌社群的活动。因此,在一定意义上来讲,成员一旦真正融入品牌社群,会形成进一步融入品牌社群的循环,这也是由社群本身所具有的社会联系的紧密性所决定的。

在笔者的调研中同样也发现这样的问题。在汽车行业品牌社群中，同类意识随着品牌社群成员融入程度的加深而逐渐增强。在越野车等能够彰显个性的汽车品牌社群中，其积极的成员一方面感受到自己同其他社群成员是同一类人，他们的行为、穿着等都有趋同的趋势。另一方面，有些成员也感受到，加入品牌社群后，他们除了在慢慢感到同品牌社群成员具有越来越多的共同点以外，也慢慢感到同非品牌社群成员越来越疏远了，感到同那些人的共同感越来越少。在一些经济型、大众化的汽车品牌社群中，其成员也会有这种体会。如在笔者所调查的东风标致 307 车友会中，虽然其成员没有像帕拉丁这样的越野车品牌俱乐部成员那样在努力彰显个性，但很多成员也体会到自己同品牌社群成员有共同语言，能够感觉到他们是充满活力、追求生活品质的一类人。McAlexander, Schouten & Koeing(2002)在研究 Jeep 品牌社群后也得出了相类似的访谈结果：Amanda，一个吉普大切诺基的车主，一个已经退休的外科医生的爱人，参加了 1996 年的吉普训练营。在她参加吉普训练营的第一天她说道："我并不把我自己看作是一个吉普人的。"并且这种声音非常坚定。在最近的一次访谈中，她说她的很多态度已经发生了转变。她会为克莱斯勒的每一次进步感到欢呼，会参加克莱斯勒组织的每一次活动。她很感激她有幸成为克莱斯勒产品的拥有者，并且惊叹于克莱斯勒产品的功能。并且，同其他成员一样，她不再掩饰她就是一名"吉普人"。

(二)社群精神

社群精神是社群独有的特性，无论是在非虚拟社群(Vivekananda,2006)，还是在虚拟社群(Muniz & O'Guinn,2001)中均存在。社群精神在品牌社群中的表现会有几种形式，如对传统的感知，能够用这个社群内的"行话"阐述事情，能够讲出来一些品牌的历史及品牌发展过程中的故事。(Muniz & O'Guinn,2001) Muniz & O'Guinn 在研究社群精神时提到，苹果及萨博的品牌社群中经常会流传关于两者的历史性时间，如苹果的诞生日是1984年2月24日，萨博汽车来源于战斗机生产商，并且在这一点上与Volvo品牌汽车具有明显的不同。Beaudouin & Velkovska(1999)在研究了Cyberia品牌社群后提出，在Cyberia品牌社群中张贴293名成员的照片和生日列表，到了每个成员的生日，这个成员的照片就会展现出来。因此，所有加入这个品牌社群的人都必须遵守这个品牌社群的传统，将自己的照片贡献出来，并在品牌社群中登记上自己的生日日期。

社群精神在不同品牌的社群中特色鲜明，即使是同一品牌的不同品牌社群，也会有所不同。例如，笔者在调研时发现，同样是标致307车友会，在经济发达地区由于人们收入水平较高，拥有这一品牌汽车的成员或者是对这一品牌汽车感兴趣的成员年龄普遍较年轻，而在经济较不发达地区，拥有这一品牌汽车的成员或者对这一品牌汽车感兴趣的成员年龄普遍较大一些，这就导致虽然同样是标致307车友会，经济发达地区的车友会更多地体现了标致307所代表的激情、活力、浪漫，而在经济较不发达地区，标致307的车友会可能会更多地体现出这一品牌汽车所代表的精致、细腻。

(三)社群责任

社群责任也来源于社会学中对社群研究的成果。所谓社群责任，就像前面文献综述中所提到的，是一种“对于品牌社群整体，以及其中个人的一种责任或者义务”(Muniz & O'Guinn，2001)。第一，社群责任是一种责任感。这种责任感首先体现在能够让自己参与到品牌社群中，而不仅仅是品牌社群的过客。其次体现在能够协助其他消费者正确使用这一品牌的产品。(Muniz & O'Guinn，2001)社群责任感越强烈的成员越乐于帮助其他成员正确使用、维修产品，特别是对于那些产品使用技能相对复杂、需要较长时间熟悉使用过程的产品来讲更是如此。品牌社群的社群责任这一特点也是社群的最基本特征之一。在传统社群中，乐意帮助其他成员也被认为是社群成员的最基本特征之一(Muniz & O'Guinn, 2001)。第二,社群责任的对象不是品牌,而是品牌社群及品牌社群内的成员。关于这一点,Algesheimer, Dholakia & Herrmann(2005)、McAlexander, Schouten & Koening(2002)和Muniz & O'Guinn(2001)都有过阐述。

社群责任随融入程度的加深而加深。McAlexander, Schouten & Koenig(2002)提出社群责任在那些刚加入品牌社群的成员中非常不明显,只有成员在品牌社群中积累了丰富经验才会有更多的承诺,才会愿意为品牌社群的发展做些事情。

在笔者对杭州19楼车友会的访谈中发现,车友会中的积极分子所表现出的社群责任感也非常明显。首先,他们帮助其他成员,特别是新成员的意识非常强烈。其次,他们对于维护所在品牌社群荣誉的感觉非常强烈。最后,他们对于维护社群运转的感觉同样也非常强烈。在McAlexander, Schouten & Koenig(2002)对于Jeep社群的研究中也发现这种现象,对于那些在品牌社群中参加活动较长时间的成员来讲,他们会去帮助那些没有多少驾驶经验的成员来通过小溪等,在面对野外越野或者是渡过湍急的河流时,这些人会大声地引导那些经验并不太丰富的成员走正确的路线。并且,他们认为这些经验丰富的社群成员在做这些事情的时候是情不自禁的。对于虚拟社群来讲也同样如此,如在以往学者所研究的佳能影像社群中,有一个求助的板块,在这个板块中,所有帖子的标题都类似于"Help me, Help me",这种求助的帖子已经超过2000个,并且其中回复的帖子更是高达16500余个,更重要的是,这种回复的帖子都是自发的,而不是靠某些强制性或者诱惑性的手段来进行的,这就是社群责任。

二、品牌社群融入度的提出

正如前面所述,品牌社群融入是一种连续状态,对其表现的衡量可以通过品牌社群融入度进行测量。同时，提出品牌社群融入度的概念可以解决无法在客观上严格区分参加品牌社群及融入品牌社群的问题。可以认为，那些刚加入品牌社群的成员的品牌社群融入度非常低，而对于其中的活跃分子，可以称其为品牌社群融入度非常高的成员。成员在社群中的表现直接体现出品牌社群融入度的高低。

第二节　测量工具

根据以上分析，本书接下来将开发能够测量品牌社群融入度的测量工具。基本逻辑思路是先筛选能够衡量品牌社群融入度的题项库，再通过试调查确定正式问卷，最后对测量工具采用信度、效度等手段进行严格检验，以使测量工具适合下一步的研究。

一、前测问卷的产生

(一)测量项目产生的理论基础

借鉴前人的研究成果是科学合理地设计测量项目的基础，标准化的测量项目应当根据社群及品牌社群中的多维度量表来设计。对于测量量表中各维度的测量条款，可以通过深度访谈、概念化操作与相关文献综述来进行设计。(Gremler，1995)因此，笔者采用以下几个步骤来确定品牌社群融入度的测量维度：第一，回顾已有文献。了解已有研究在处理社群融入度测量维度时所使用的方法及得到的结论。第二，小组访谈。在回顾已有文献的基础上，通过访谈个别品牌社群成员对测量条款进行优化。第三，问卷测项的优化。请相关领域的专家对已经形成的题项库进行审查，而后进行小规模的调查，最终形成正式的测量条款。第四，测量问卷的形成。将经过优化的问卷进行大规模调研，对收集到的数据进行实证分析并最终确定品牌社群融入的维度。

(二)问卷相关问题项的来源

社会学中已经有较多的研究对社群融入进行测量，但营销学中对品牌社群融入的测量还很少，更多的是直接接受了社会学中所得出的概念。在本书中，主要参考了国外学者 Price & Arnould (1999)及 Vivekananda(2006)的相关研究，同时也部分借鉴了我国陈顺林(2007)等学者的研究成果。

除了与假设相关的变量以外，本部分研究中还设计了描述性变量如性别、年龄、教育程度等，具体参考了 Strahan & Gerbasi (1972)等的相关研究成果。

(三)访谈校正

访谈是研究、观察现实世界、发现问题的有效途径。任何人都不可能把自己关在房子里，经过思考，一次设计好问卷。通过小规模访谈来修改问卷，是问卷设计的必经之路。(马庆国，2002)为了获得一份有效的调查问卷，根据从文献中整理出来的测量条目，结合本文的研究对象和研究特点，本书分别设计了针对汽车品牌社群的访谈提纲，其中的关键词见表 3-1。

表 3-1　品牌社群融入表现研究访谈关键词

访谈关键词		
一类人 行话 维护车友会名誉	车标悬挂 章程了解 帮助新成员	首要求助目标 车友会传统 支持车友会扩张

本书的访谈对象主要为浙江省杭州市的 19 楼“狮享天堂”标致 307 车友会、衢州龙行天下车友会及“伊路凯歌”伊兰特凯越车

友会，访谈三个社群中成员共 15 人。由于汽车俱乐部的参加人员的年龄主要集中在 18—35 岁之间，在本次访谈中访谈对象的年龄跨度也主要集中在 20—30 岁之间，职业以公务员、事业单位人员及企业员工为主，性别上男女比例为 2∶1。

本次访谈主要采用开放式访谈的方式，通过询问被访谈者参加汽车俱乐部的感受为主。对于其中的访谈关键词，通过被访谈对象自觉提出的方式进行，如果被访谈者明显对访谈关键词谈论过少，则通过我们简单引导来进行。

（四）前测问卷的产生

以往研究特别是国外学者的研究很多都涉及家用汽车行业品牌社群，本研究前测问卷的形成可以从中予以借鉴。问卷设计的主要困难在于如何将这些问题准确翻译并传达给调研对象。针对这一问题，在问卷初步设计后，笔者将其带到被访谈对象处，请他们在接受访谈后随即填写问卷，填写问卷的结果不重要，主要是对问卷中测量题项的可阅读性进行评判。此外，笔者还专门寻找了一些研究顾客关系的硕士、博士，由他们对测量题项的可阅读性等进行评判。

合理使用设计问卷的技巧可以提高问卷的易回答性，并且可以提高问卷测量的准确性。马庆国（2002）提出了设计问卷的一些经验技巧：对怀疑得不到诚实回答而又必须了解的数据，可以通过变化提法来获得相应的数据；凡是不能获得诚实回答的问题，都应该设计在问卷中；备选答案之间不能有多重含义等。笔者借鉴了这些经验技巧，在问卷中采用了以下方法来提高问卷的信度和效度：在条款用语上反复推敲、反复讨论，争取做到简洁、准确地表达；将比较抽象、比较难回答的问题放在问卷的前半部分以使回答者在应对这些问题时保持较好的精神状态，避免答题者在后半程相对疲劳时遇到比较难回答的问题产生逃避的现象，而将一些客观性的问题放在问卷的后半部分；此外，对于一些需要重点突出的内容通过加粗及划横线等方式重点表明，减少答卷者的视觉疲劳。

结合国外对各维度的量表开发，通过与车友会成员的访谈，并结合专家学者们的意见，笔者总结出了我国家用汽车行业品牌社群融入度的测量条款，形成了前测问卷，具体如表 3-2 所示。

表 3-2　品牌社群融入度的前测问卷

条款
相比其他车友会成员，我更喜欢我现在所在的车友会的人
相比非本车友会的人，我感觉我同本车友会的成员更像一类人
如果车友会有特定标识，我乐意将其挂/粘在车上
我对车友会有归属感
如果在购买、使用汽车时出现了问题，我首先想到去车友会中寻求帮助
我知道并且能够清楚地识别我们车友会的一些特定的标识和话语
我知道我们车友会的章程
我知道我们车友会的传统
我不容许有对车友会不利的言论或行为出现
我认为帮助车友会内其他成员是理所应当的事情
我乐意帮助新加入车友会的成员

（五）量表评分等级的确定

大量的研究表明，顾客对企业一般行为或者特定行为的评价是一种心理状态，是一种自我体验，具有主观性。这种主观判断由认知和情感构成，评价度是认知的结果，而情感是对这种结果的一种反映。

从心理学角度出发，可以将品牌社群成员对品牌社群的感受分为几个等级，并赋予相应的分值。在本书中，笔者采用的是对称量表，即应用 Likert 7 点式量表的形式将问卷评分划分为七等：极不同意、不同意、比较不同意、一般、有点同意、同意、非常同意，同时赋予每一个评分等级相应的分值，如极不同意为 1 分、不同意为

2分、比较不同意为3分、一般为4分、有点同意为5分、同意为6分、非常同意为7分。

二、前测问卷预检验

在问卷初稿设计出后，笔者向一些硕士、博士讲述了假设的提出及条款设计的理由，并让他们填写问卷。在经过修改后，将问卷反馈到前面所提的3个车友会，共得到12位访谈对象的回复，他们普遍认为问卷长度合适、题目清晰。

在得到了杭州“狮享天堂”车友会组织者李先生（西湖区公务员）及临沂“鲁南车友会”之“帕拉丁大队”成员彭小姐（浙江大学硕士生）的大力支持后，笔者在两个汽车品牌俱乐部进行了小样本调查，共发放问卷187份，回收有效问卷153份，有效率为81.8%。

（一）试调查变量净化分析结果

试调查测试是为了检验变量的单维度性和提炼变量的测量条款。（刘怀伟，2003）对于初始问卷中的“垃圾测量条款”，必须净化和删除，否则就可能导致变量产生多维度性，从而难以解释每个因子的含义。笔者使用了纠正的项目——总体相关系数（CITC）来净化和删除这些“垃圾条款”，并利用Cronbach α 系数检验测量条款的信度。修正条款信度检验筛选的标准有两个：CITC小于0.5，删除此条款可以提升 α 系数。在测量条款被删除前后，都要计算 α 系数。（刘怀伟，2003；杨志蓉，2006）如果剩余条款总的 α 系数能够达到0.7以上，说明信度达到要求。

1. 同类意识相关量表净化

用CITC法和 α 系数法净化和删除同类意识量表的“垃圾条款”。从表3-3中可以看出，同类意识相关的第5项测量条款的CITC小于0.5，删除这个条款后，剩余条款的总体信度 α 系数由原来的 0.782 提高到 0.786,从而满足了删除标准,可以进行删除。

表 3-3　同类意识相关量表的 CITC 和信度分析

测量条款	$CITC_1$	$CITC_2$	删除此项后的 α 系数	Cronbach α
B_1	0.627	0.608	0.687	$\alpha_1=0.782$
B_2	0.553	0.517	0.734	$\alpha_2=0.786$
B_3	0.523	0.602	0.692	
B_4	0.589	0.541	0.722	
B_5	0.485	删除		

注:$CITC_1$=初始 CITC;$CITC_2$=最后 CITC;α_1=初始 α 系数;α_2=最后 α 系数(下同)。

2. 社群精神相关量表净化

同样用 CITC 法和 α 系数法净化和删除社群精神量表的"垃圾条款"。从表 3-4 中可以看出,总体信度 α 系数大于 0.7,满足信度要求。各问题项的 CITC 均大于 0.5,满足所需条件。通过本次检验,原假设量表中无须删除项。

表 3-4　社群精神相关量表的 CITC 和信度分析

测量条款	CITC	删除此条款后 α	Cronbach α
B_6	0.527	0.710	$\alpha_1=0.745$
B_7	0.602	0.626	
B_8	0.591	0.638	

3. 社群责任相关量表净化

用 CITC 法和 α 系数法净化和删除社群责任量表的"垃圾条款"。从表 3-5 中可以看出,总体信度 α 系数大于 0.7,满足信度要求。各问题项的 CITC 均大于 0.5,满足所需条件。通过本次检验,原假设量表中无须删除项。

表 3-5 社群责任相关量表的 CITC 和信度分析

测量条款	CITC	删除此条款后 α	Cronbach α
B_9	0.512	0.702	$\alpha_1=0.734$
B_{10}	0.546	0.664	
B_{11}	0.625	0.567	

(二)小样本变量探索性因子分析结果

在进行了测量条款的净化后,还可能存在着信息重叠的现象,给数据的分析和解释带来困难。因此,为了保证本书变量理论构建的单一维度,在测量条款被净化后,还需要对剩余条款进行探索性分析,判断一个理论构建是否能够构成两个以上的因子。

为了判断样本数据是否适合进行因子分析,需要进行多项指标的考察。SPSS 统计分析软件提供了多种判断条款是否适合因子分析的方法,较常用的是 KMO(Kaiser-Meyer-Olykin Measure of Sampling Adequacy)及巴特莱特球体检验(Bartlett Test of Sphericity)。对于 KMO 值,一般认为没有针对 KMO 测试的专门显著性检验。数据是否适合做因子分析测试,更多是通过主观判断进行,一般认为,KMO 值如果在 0.9(含)以上,非常适合;0.8(含)—0.9,很适合;0.7(含)—0.8,适合;0.6(含)—0.7,不太适合;0.5(含)—0.6 很(含)勉强;0.5 以下,不适合。(马庆国,2002)并且,巴特莱特球体检验的统计值显著性概率小于等于显著性水平时,可以做因子分析(马庆国,2002)。

在因子提取的方式上,笔者采用主成分分析法对剩余条款进行因子提取,用最大方差法进行因子旋转,提取特征值大于 1 的因子。除非有明显证据证明,否则若条款的因子载荷小于 0.5,则删除该条款。若剩余条款因子载荷都大于 0.5,而且累计解释方差大于 50%,则表示测量条款都符合要求。如果有测量条款需要被删除,就需要再次计算剩余测量条款的 α 系数,若删除这些测量条款

可以提高 α 系数，则可以删除这些测量条款。如果剩余条款的 α 系数超过 0.7，则认为已经获得好的测量效果。（刘怀伟，2003）以下是对品牌社群融入表现的小样本数据进行探索性因子分析后得到的结果。（表 3-6、3-7）。

表 3-6 品牌社群融入度的 KMO 测度和巴特莱特球体检验结果

KMO 取样适当性检验		0.784
巴特莱特球体检验	卡方值	516.643
	自由度 df	45
	显著性概率 Sig.	0.000

表 3-7 品牌社群融入度的因子分析结果

因子	题项		
	1	2	3
B_3	**0.821**	0.050	0.085
B_1	**0.753**	0.053	0.380
B_2	**0.673**	0.386	−0.053
B_4	**0.630**	0.305	0.201
B_6	0.069	**0.812**	0.103
B_7	0.208	**0.778**	0.066
B_8	0.279	**0.699**	0.245
B_9	0.143	−0.066	**0.797**
B_{11}	0.275	0.215	**0.788**
B_{10}	0.002	0.394	**0.716**

笔者保留了全部因子载荷超过 0.5 的测量条款。据此，品牌社群融入表现的测量共提取 3 个因子，分别命名为：同类意识、社群精神及社群责任。对于这一点，同以往品牌社群中的研究类似。

三、测量工具的信度与效度检验

笔者在对品牌社群融入的表现进行了识别后进行大样本检验。正式的调查问卷共由三部分组成：第一部分是问卷提示；第二部分是本书结构变量对象的测量条款，所有测量条款都采用了

Likert 7 点量表；第三部分是受访者的个人信息，包括性别、年龄、收入、学历及参加的品牌社群等。

笔者在浙江、山东等地的家用汽车品牌社群发放问卷 400 份，回收有效问卷 306 份，有效回收率为 76.5%。

（一）样本人口统计变量分布情况

本次调查的对象（以杭州、衢州和临沂等为主）都位于我国经济发达省份。通过对样本人口统计变量进行分析后可以发现，在所有被访者中，男性占大多数（74.2%），大专及本科学历的占大多数（69.6%），拥有汽车的占绝大多数（95.4%）。其他统计变量显示，参加车友会的成员中，拥有的汽车价格从 10 万—30 万元之间的占到了 75.2%，这个价格区间也是我国汽车销量最大的一个价格区间。并且，在所有的被访者中，18 岁至 35 岁之间人群占到了绝大多数（93.7%），这说明参加车友会的成员以年轻人为主，更能充分显示了车友会这种组织的活力。在所有这些成员中，使用汽车年限从 1 年以下到 3 年以上的基本平均分布，但加入车友会的时间却大都不长，2 年以下的占到 88.6%。这与我国汽车普及程度较低、私家车发展起步较晚及车友会这种形式的品牌社群出现时间较短等原因有着密切的关系，具体见表 3-8。

表 3-8　样本人口统计变量分布情况

人口统计变量	分类项目	人数	百分比
性别	男	227	74.2%
	女	79	25.8%
	合计	306	100%
是否拥有汽车	拥有	292	95.4%
	没有	14	4.6%
	合计	306	100%

续　表

人口统计变量	分类项目	人数	百分比
汽车购置费用	10 万元以下(含)	54	17.6%
	10 万—15 万元(含)	116	37.9%
	15 万—20 万元(含)	84	27.5%
	20—30 万元(含)	30	9.8%
	30 万元以上	22	7.2%
	合计	306	100%
教育程度	高中及以下	81	26.5%
	大专及本科	213	69.6%
	本科以上	12	3.9%
	合计	306	100%
年龄	18 岁及以下	3	0.98%
	19 岁—25 岁	116	37.9%
	26 岁—35 岁	168	54.9%
	36 岁—45 岁	19	6.2%
	46 岁以上	0	0
	合计	306	100%
加入车友会时间	6 个月以下(含)	58	19.0%
	6 个月—1 年(含)	119	38.9%
	1 年—2 年(含)	94	30.7%
	2 年以上	35	11.4%
	合计	306	100%
使用汽车时间	1 年以下	68	22.2%
	1 年—2 年(含)	115	37.6%
	2 年—3 年(含)	77	25.2%
	3 年以上	46	25.0%
	合计	306	100%
家庭月收入	1000 元以下(含)	3	0.98%
	1000—5000 元(含)	91	29.7%
	5000—10000 元(含)	126	41.2%
	10000 元以上	86	28.1%
	合计	306	100%

(二)模型总体评估

在对问卷进行信度及效度分析之前,需要对模型进行总体评估。按照温忠麟、候杰泰(2004)的建议,拟合指数的考量应该考虑以下三个特征:与样本容量无关,即拟合指标不受样本容量的影响;对模型敏感,即如果所拟合的模型不真(参数过多或过少),拟合指数能反映拟合不好;惩罚复杂的模型,即拟合指数要根据模型参数多寡而做出调整,惩罚参数多的模型。

结合以往分析,本书所采用的判定模型拟合程度的指标主要包括两类:(1)绝对拟合指数。如卡方检验、GFI及RMR;(2)相对拟合指数。如CFI,NNFI及NFI。两类指标的取值范围和评价标准参照了杨志蓉(2006)的模型拟合度指标选择方案,如表3-9所示。

表3-9 模型拟合指数及其评价标准表

指数分类	指　数	取值范围	评价标准
绝对拟合指数	卡方/自由度(χ^2/df)	大于0	小于5,最好小于3
	近似误差均方根(RMSEA)	大于0	小于0.1,最好小于0.05
	调整拟合优度(AGFI)	0—1之间,也可能为负	大于0.9
	拟合优度指数(GFI)	0—1之间,也可能为负	大于0.9
相对拟合指数	常模拟合指数(NFI)	0—1之间	大于0.9
	增值拟合指数(IFI)	大于0,最好在0—1之间	大于0.9
	比较拟合指数(CFI)	0—1之间	大于0.9

从表3-10可以看出,品牌社群融入表现的验证性因子分析的拟合效果比较好,各类拟合指数均超过评价标准。绝对拟合指数

χ^2/df＝2.567＜3，RMSEA＜0.1，GFI＝0.951＞0.9 均优于最佳评价标准；相对拟合指数 NFI＝0.910＞0.9，CFI＝0.942＞0.9，NNFI＝0.919＞0.9，这些指标也优于最佳评价标准。

表 3-10 品牌社群融入表现模型拟合结果

指　　数	绝对拟合指数
卡方/自由度(χ^2/df)	2.567
拟合优度指数(GFI)	0.951
近似误差均方根(RMSEA)	0.064
残差均方根(RMR)	0.058
常模拟合指数(NFI)	0.910
标准拟合指数(TLI)	0.919
比较拟合指数(CFI)	0.942

(三)测量工具信度与效度分析

为了保证本部分理论构建中变量适合采用结构方程分析方法，需要进行可信性及有效性的检验，否则根据变量间的统计关系做出的结论经不起推敲。内部一致性信度检验同小样本分析中的 CITC 及 Cronbach α 系数法相同，分析工具为统计软件 SPSS 15.0。有效性分析可通过检验内容效度、收敛效度及区分效度来进行。其中，内容效度通过主观感觉来评价。收敛效度和区分效度则通过验证性因子分析方法来进行，分析工具为 AMOS 6.0。

1. 内部一致性信度分析

在此，内部一致性信度分析同小样本分析中所用方法完全相同，方法及标准不再赘述，仅将最终结果列出，如表 3-11、3-12、3-13 所示。

表 3-11 同类意识相关量表的 CITC 和信度分析

测量条款	CITC	删除此条款后 α	Cronbach α
B_1	0.651	0.722	$\alpha_1=0.796$
B_2	0.612	0.742	
B_3	0.590	0.754	
B_4	0.577	0.759	

表 3-12 社群精神相关量表的 CITC 和信度分析

测量条款	CITC	删除此条款后 α	Cronbach α
B_6	0.561	0.620	$\alpha_1=0.726$
B_7	0.549	0.635	
B_8	0.530	0.655	

表 3-13 社群责任相关量表的 CITC 和信度分析

测量条款	CITC	删除此条款后 α	Cronbach α
B_6	0.555	0.663	$\alpha_1=0.755$
B_7	0.504	0.596	
B_8	0.531	0.604	

2.测量效度分析

问卷的测量效度分为内容效度、收敛效度及区分效度。内容效度代表了将概念拆解成维度与要素的过程中是否是完善的指标，本书所涉及的测量题项，是在理论分析的基础上参考已有量表而成。首先，借鉴前人的研究成果，在深入分析了现有文献的基础上，将已有测量条款与实地访谈结合产生了测量题项；其次，通过与相关专家进行意见交换，并在最后通过预检验和小样本检验进行了测试。这在一定程度上保证了问卷内容可以充分涵盖所测量的内容，并且题意较为清晰，保证了问卷的内容效度。收敛效度是指用不同的方法测量同意内容应当有较高的相关度。（候杰泰、温忠麟和成子娟，2004）在本书中，最终采用的是结构方程中验证性因子分析来检验收敛效度，具体采用均方差抽取量（简称 AVE）来解释。如果提取的平均方差在 0.5 以上，则表示潜变量的测量具有足够的收敛效度，AVE 的最低水平为 0.5。（Fornell & Larcker，1981；杨志蓉，2006）总体模型被接受以后，每个结构变量还需要进行区分效度检验。

对于各个因素的整体效度，可以通过个别变量的信度指数来衡量，这种信度指标被称为建构信度(CR)，主要是评估一组潜在建构指标的一致性程度，信度高则表示指标之间有高度关联。（黄芳铭，2005）对于信度的标准，采用黄芳铭的观点，以 0.5 作为个别变量信度的最低指标，对于潜在变量的信度检验要求要高些，采用 0.6 作为构建信度的最低指标。

$$CR = (\sum \lambda)^2 / [(\sum \lambda)^2 + \sum \varepsilon_j]$$

其中，λ 为标准化载荷量；ε_j 为第 j 项的测量误差。

对于收敛效度的 AVE，Fornell & Larcker(1981)认为，如果误差的解释大于测量项目，则表示该变量的效度是有问题的，如果提取的平均方差在 0.5 以上，则表示构思条款的测量有足够的收敛效度。因此，AVE 的最低标准为大于 0.5。

$$AVE = \sum \lambda^2 / (\sum \lambda^2 + \sum \varepsilon_j)$$

表 3-14 收敛效度评判的各项指标

	标准载荷	(构建信度)CR	AVE
同类意识		0.972	0.896
B_1	0.758		
B_2	0.704		
B_3	0.662		
B_4	0.687		
社群精神		0.945	0.852
B_6	0.677		
B_7	0.686		
B_8	0.690		

续 表

	标准载荷	(构建信度)CR	AVE
社群责任		0.937	0.832
B_9	0.577		
B_{10}	0.664		
B_{11}	0.627		

根据表 3-14 可知,各维度的 CR 值均高于 0.6,AVE 值均高于 0.5,说明该问卷品牌社群融入表现部分的收敛效度不错。

表 3-15 列出了品牌社群融入表现各因子间的相关系数和表现模型 AVE 的均方根(以粗体显示于对角线),从中首先可以发现,没有两个维度之间的相关系数特别大,相关系数的取值均在 0.586—0.65 之间;其次可以发现,各因子的 AVE 值的均方根均大于其与其他因子之间的相关系数,表明品牌社群融入影响因素的区分效度较好。

表 3-15　品牌社群融入表现模型 AVE 的均方根与表现因子相关系数比较

	同类意识	社群精神	社群责任
同类意识	**0.947**		
社群精神	0.612	**0.923**	
社群责任	0.586	0.654	**0.912**

第三节　品牌社群融入度测量的实证分析

一、品牌社群融入度测量的总体分析

根据品牌社群融入表现的理论模型,笔者先对品牌社群融入的表现进行总体分析。三个维度得分的描述性统计结果如表 3-16 所示,配对样本 t 检验结果见表 3-17。

表 3-16 品牌社群融入度测量三个维度得分的描述性统计

	有效样本数	最小值	最大值	均值	标准差
同类意识	306	2.50	7.00	5.3529	0.04565
社群精神	306	2.33	7.00	5.4913	0.04799
社群责任	306	4.33	7.00	5.8192	0.03546

表 3-17 品牌社群融入度测量三个维度得分的配对样本 t 检验

	均值	标准差	标准平均误差	T 值	df	Sig.(双尾)
同类意识—社群精神	−0.13834	0.81859	0.04680	−2.956	305	0.003
同类意识—社群责任	−0.46623	0.76167	0.04354	−10.708	305	0.000
社群精神—社群责任	−0.32789	0.82115	0.04694	−6.985	305	0.000

从表 3-16 可以看出，品牌社群融入中社群责任的得分最高，其次是社群精神的得分，而同类意识的得分最低。从表 3-17 的配对样本 t 检验可以看出，这三个得分具有显著性差异。这说明，一旦融入品牌社群，对品牌社群所表现出的社群责任最为突出，而同类意识感则最不强烈。

对于品牌社群融入表现中的同类意识最不突出这一点，与人们实际感受似乎不相符。在人们的实际感受中，认为品牌社群是由对某一品牌感兴趣的人组成的群体，这些人的共同点应该很多，同类意识应该非常强烈。而对于社群责任，毕竟对于品牌社群这种较为松散的组织来讲，可能不会那么强烈。但对于我国目前大多数的品牌社群来讲，其成员来源较为复杂，有些是因为对这一品牌具有强烈的好感才加入的，有些是朋友推荐加入的，还有些是在经销商的推荐下加入的，这些人在加入品牌社群后可能都会慢慢融入其中，但融入的程度会有所不同。正是由于这一原因，导致了成员之间同类意识的感觉相对较淡。而对于社群责任来讲，一方面源于自觉行动，是因为自己对品牌社群的感情才产生的责任感；另一方面其他成员的关注也会促成社群责任的产生，更多地承担一些责任也能够赢得别人的尊重。因此，在主动及被动因素的作用下，融入品牌社群的成员在社群责任上表现得相对突出一些。

二、品牌社群融入度与加入社群时间

由于品牌社群融入本身是一个过程，因此加入社群的时间不同，会在一定程度上影响品牌社群融入度的不同。

（一）统计分析

由于我国家用汽车行业品牌社群建立时间较晚，因此笔者对于加入品牌社群时间的划分以 1 年和 2 年为界线，将加入时间在 1 年以下的称为短时间，将加入时间在 1 年到 2 年的称为中等时间，加入时间在 2 年以上的则称为长时间。

对三类不同加入社群时间成员的品牌社群融入总体表现得分、三维度得分进行单因素方差分析，结果如表 3-18。根据表 3-18所示，品牌社群融入表现的得分随着加入品牌社群时间的延长而提高。并且根据单因素方差分析的 F 值表明，总体表现和维度得分均值在社群加入时间上具有显著差异，显著水平为0.000。也就是说，参加品牌社群时间越长，品牌社群融入度越高。但如果将品牌社群融入表现的三个维度分开考察，可以发现同类意识及社群责任两者的程度会随着参加品牌社群时间的延长而加深，但社群精神的表现程度不随社群加入时间的延长而出现明显变化。

表 3-18　不同品牌社群参加时间情况下的社群融入度

品牌社群融入度	样本容量	均值	标准差	标准误	最小值	最大值	F及Sig值
同类意识							F值:11.477 Sig:0.000
短时间	177	5.2472	0.75236	0.05655	3.75	7.00	
中等时间	94	5.5798	0.74885	0.07724	3.75	7.00	
长时间	35	5.8071	0.74282	0.12556	4.00	7.00	
社群精神							F值:1.802 Sig:0.167
短时间	177	5.4444	0.84362	0.06341	3.00	7.00	
中等时间	94	5.5106	0.75996	0.07838	3.33	7.00	
长时间	35	5.7333	0.90676	0.15327	4.00	7.00	
社群责任							F值:8.829 Sig:0.000
短时间	177	5.7213	0.66584	0.05005	4.33	7.00	
中等时间	94	5.9574	0.55570	0.05732	4.33	7.00	
长时间	35	6.1238	0.44344	0.07495	5.00	7.00	
总体表现							F值:8.733 Sig:0.000
短时间	177	5.4710	0.62881	0.04726	4.19	7.00	
中等时间	94	5.6826	0.57080	0.05887	4.14	6.89	
长时间	35	5.8881	0.57768	0.09765	4.67	7.00	

(二)结果讨论

不同的社群参加时间会导致品牌社群融入度的不同，这一点比较符合人们的常识。结合对品牌社群融入表现维度的单独分析，笔者认为，产生这种结果的原因有以下几个方面：

第一，同类意识的提高需要时间的积淀。同类意识指的是社群成员之间“我们”的感受，是一种对行为、意识的趋同。这种趋同，是要在时间积淀下才能够逐渐产生的。对于加入品牌社群的成员可以分为两类：一类是原本对品牌的内涵非常认同，并且自身行为意识与品牌内涵具有高度的吻合性。这类成员在加入品牌社群后，会发现自身的行为意识得到更多人的认同，从而使自身原有的价值观得到进一步加强，也会与品牌内涵更加地吻合。另一类成员是那些本身对品牌内涵了解不多或自身的行为意识与品牌内涵吻合程度不高的人，这些人可能是在经销商的劝说下加入社群，也可能是在朋友的介绍下加入社群。对于这一类人，同类意识的产生更需要时间的磨炼，通过让他们多次参加品牌社群活动，慢慢喜欢上品牌社群，从而也使他们的同类意识得到潜移默化地提高。

第二，社群责任的提高需要时间的培养。对于刚加入品牌社群的成员，有一种是本身喜欢乐于助人，会积极维护品牌社群的人。对于这一类成员，刚加入社群后由于对社群的不了解，需要经过一段时间对社群内规则和其他成员的熟悉后才能够将自己的责任感发挥出来；而对于那些本身责任感不强的成员，在品牌社群内经过一段时间后会得到越来越多其他成员的帮助，也会为社群内存在的责任感所感染，同样会产生越来越强的社群责任。此外，随着参加品牌社群时间的延长，成员也会得到越来越多其他成员的关注，这些关注也会在很大程度上“胁迫”这一成员社群责任的增强。

品牌社群融入度会随着参加品牌社群时间的延长而逐步提高，那么需要进一步探讨的问题是：这种融入度对社群参加时间的敏感性如何？换句话说，品牌社群融入的表现是在任意两组之间都存在差异，还是只是在部分组织之间存在差异。为此，笔者对三组个体样本进行了组间的两两比较，结果如表 3-19 所示。“总体表现”一栏结果显示，参加社群时间较短的情况下与其他两者所表现出的品牌社群融入度具有明显差异，而参加社群时间在 1—2 年的成员与 2 年以上的成员在品牌社群融入度上不具有明显差异。造成这种情况的原因主要是因为品牌社群是一种充满活力的社会化组织，能在短时间内对其中的成员产生明显的影响，这就使得刚参加品牌社群的成员能在短时间内融入品牌社群中。

同样，分别考察不同品牌社群融入表现维度下组间的比较结果，如表 3-19 所示，对于社群参加时间较短的成员所表现出来的同类意识及社群责任与另外两组具有明显的不同，而对于社群精神来讲，参加时间的长短并不能影响其程度的加深。究其原因，主要有两个：第一，社群精神在很大程度上同品牌自身内涵相吻合，这就导致很多对品牌相对熟悉的成员具有一定的社群精神，而对品牌的了解，与加入品牌社群的时间长短没有必然联系；第二，在填制问卷时，有一些被访者将社群精神与品牌精神没有严格区分。

表 3-19　品牌社群不同参加时间情况下的社群融入度测量维度的组间比较

品牌社群融入度	均值	标准误	Sig 值
同类意识			
短时间—中等时间	−0.333261*	0.09573	0.002
短时间—长时间	−0.55997*	0.13771	0.001
中等时间—长时间	−0.22736	0.14741	0.337
社群精神			
短时间—中等时间	−0.06619	0.10082	0.884
短时间—长时间	−0.28889	0.16587	0.242
中等时间—长时间	−0.22270	0.17215	0.491
社群责任			
短时间—中等时间	−0.23617*	0.07609	0.006
短时间—长时间	−0.40253*	0.09013	0.000
中等时间—长时间	−0.16636	0.09436	0.226
总体表现			
短时间—中等时间	−0.21166*	0.07550	0.017
短时间—长时间	−0.41713*	0.10848	0.001
中等时间—长时间	−0.20547	0.11402	0.212

注：* The mean difference is significant at the 0.05 level.

三、品牌社群融入度与年龄

由于品牌社群是一种高度社会化的组织，因此不同年龄的成员在品牌社群融入中的表现可能会有所不同。

(一)统计分析

对于汽车俱乐部成员年龄的划分，主要考虑到两点：第一，18岁以下公民不能取得机动车驾驶证；第二，参加汽车俱乐部的成员主要集中在35岁以下。虽然国外研究表明俱乐部成员年龄呈现一种正态分布，40岁甚至50岁的成员也很多，但在国内，参加类似活动的成员仍然以青年为主，并且限于本人调研精力、渠道的问题，接触的豪华车品牌较少，使得成员年龄更以青年为主。鉴于此，在本书中，将社群成员以25岁为界分为两组，25岁及以下成员为第一组，这一组成员以刚参加工作甚至没有参加工作的成员为主，并且大多未婚；25岁以上成员为另外一组，这一组成员大多具有了正式工作，并大多已婚。

对于不同年龄段成员的品牌社群融入的总体表现得分、三维度得分进行单因素方差分析后的结果见表3-20。结果显示，品牌社群总体表现的得分随着成员年龄的增加反而减少，也就是说，成员年龄越大，品牌社群融入度越低。如果对品牌社群融入表现的三个维度分开考察，可以发现只有社群精神的表现程度随成员年龄的增长而降低，其他两个维度在成员年龄上的表现没有差别。

表3-20 不同年龄情况下的品牌社群融入度

品牌社群融入度	样本容量	均值	标准差	标准误	最小值	最大值	F及Sig值
同类意识							F值：0.288 Sig：0.592
25岁及以下	111	5.4433	0.79554	0.07293	4.25	6.75	
25岁以上	181	5.3944	0.76412	0.05588	3.75	7.00	
社群精神							F值：11.033 Sig：0.001
25岁及以下	111	5.6919	0.80857	0.07412	4.00	7.00	
25岁以上	181	5.3743	0.81948	0.05993	3.00	7.00	

续 表

品牌社群融入度	样本容量	均值	标准差	标准误	最小值	最大值	F及Sig值
社群责任							F值:3.562 Sig:0.060
25岁及以下	111	5.9244	0.57969	0.05314	4.67	7.00	
25岁以上	181	5.7861	0.65171	0.04766	4.33	7.00	
总体表现							F值:8.733 Sig:0.021
25岁及以下	111	5.8881	0.57080	0.05887	4.14	6.89	
25岁以上	181	5.6826	0.57768	0.09765	4.67	7.00	

(二)结果讨论

成员年龄的不同会导致品牌社群融入度的不同,这一点比较符合人们的常识。但如果结合分维度分析,可以发现一点有意义的研究结果:品牌社群融入度随着社群成员年龄的增加反而降低。对于这一现象的原因,笔者认为主要是投入精力的问题。25岁以上的成员大多负担比较重,对品牌社群投入精力自然较少。25岁以上成员大都有自己的工作,并且很多已经有了自己的家庭,在工作及家庭生活中投入的精力较多,这在很大程度上限制了他们对于品牌社群的投入。这一点在分维度分析结果中也能够发现。对于品牌社群融入表现的三个维度,社群责任及同类意识中两组没有明显差别,而在社群精神上两组具有明显差别,这就说明,只是年龄相对较大的成员因为没有过多时间和精力投入到品牌社群中,所以他们会对品牌社群的传统了解较少,影响了社群精神的得分。但社群责任及同类意识,这些与个人本身的价值观具有紧密联系,有些人本身乐于助人,有些人本身对集体维护的意识较低,这些都与自身年龄没有太大关系。

四、品牌社群融入度与产品使用时间

产品使用时间不同能够导致对产品本身及产品内涵的理解不

同。由此，对产品使用的时间不同可能会在一定程度上影响品牌社群融入度的不同。

(一)统计分析

对于汽车产品的使用时间，笔者在咨询老司机后初步将汽车的使用时间分为三段：1年以下；1年到3年；3年以上。对于1年以下汽车使用时间的消费者，属于对汽车熟悉的阶段，处于这一阶段的消费者对汽车本身熟悉程度较低；对于具有1年到3年汽车使用时间的消费者，他们开始对汽车本身越来越熟悉，对汽车也有强烈的驾驭感，一方面他们非常想驾驶汽车，另一方面虽然技术没有达到非常熟练的程度，但很多人认为自己的技术非常熟练，这是一个非常特殊的时期；而对于具有3年以上驾龄的消费者，才能够称得上具有了较强的驾驶技巧。

对于不同产品使用时间成员的品牌社群融入总体表现得分、三个维度得分进行单因素方差分析后的结果见表3-21。根据表3-21所示，品牌社群融入度总体表现的得分在产品使用时间上不存在明显差异。也就是说，成员对产品的使用时间不影响他们的品牌社群融入表现。

表3-21　不同产品使用时间情况下的社群融入度

品牌社群融入度	样本容量	均值	标准差	标准误	最小值	最大值	F及Sig值
总体表现							F值：0.555 Sig：0.574
1年以下	68	5.5972	0.68069	0.08255	4.14	6.81	
1—3年	115	5.6229	0.67992	0.06430	4.22	7.00	
3年以上	123	5.5837	0.52382	0.04723	4.42	7.00	

(二)结果讨论

品牌社群融入度不会随产品使用时间的不同而不同，这一点不太符合一些人的常识。笔者认为，产生这种结果的原因主要是对品牌的关心不是在拥有产品后才产生的。汽车属于一种特殊的商品，一方面它在我国普通居民家庭生活开支中所占比重仍然较高，另一方面它属于非常具有个性的产品，不同品牌的汽车，甚至同一品牌旗下不同型号的汽车，所代表的产品个性不同。因此，对于汽车品牌的关心不是在拥有产品后才会出现，很多未成年人早已对某一品牌的汽车产品产生了浓厚的兴趣。

五、品牌社群融入度与产品价格

汽车产品的市场价格，在一定意义上代表着汽车的档次。对于汽车这种充满个性化的产品，不同档次的产品可能会导致消费者品牌社群融入度的差异。

(一)统计分析

笔者在参考“汽车之家”“爱卡汽车”这两家专业汽车网站划分依据的基础上，结合对业内相关人士的咨询，将汽车产品按照价格初步划分为四类：8 万元以下的微型车或小型车；8 万—15 万元的紧凑型车；15 万(含)—25 万元的中级车；25 万元(含)以上的大型车或豪华车。由于本书所调研样本中 8 万元以下的微型车或小型车样本数量非常少，因此本书将 15 万元及 25 万元两个价格作为划分标准将汽车产品进行划分。

对三类不同档次汽车消费者的品牌社群融入度总体表现得分、三维度得分进行单因素方差分析后的结果见表 3-22。根据表 3-22 所示，品牌社群融入度表现的得分在中级车中达到最高。并且根据单因素方差分析的 F 值表明，总得分和维度得分均值在产品价格上具有显著差异，显著水平为 0.000。但如果对品牌社群融入度表现的三个维度分开考察，可以发现社群精神的表现程度不随产品价格的不同而出现明显变化。

表 3-22 不同产品价格情况下的品牌社群融入度

品牌社群融入度	样本容量	均值	标准差	标准误	最小值	最大值	F及Sig值
同类意识							F值:5.704 Sig:0.004
15万元以下	130	5.2575	0.69093	0.05969	4.00	7.00	
15万(含)—25万元	123	5.5744	0.81317	0.07105	3.75	7.00	
25万元以上	39	5.4085	0.82681	0.12913	3.75	7.00	
社群精神							F值:1.802 Sig:0.167
15万元以下	130	5.4254	0.81387	0.07031	3.00	7.00	
15万(含)—25万元	123	5.6285	0.84595	0.07391	3.33	7.00	
25万元含以上	39	5.3496	0.77800	0.12510	4.00	7.00	
社群责任							F值:15.627 Sig:0.000
15万元以下	130	5.6269	0.62534	0.05402	4.33	7.00	
15万(含)—25万元	123	6.0331	0.55602	0.04858	4.33	7.00	
25万元含以上	39	5.9187	0.64455	0.10066	5.00	7.00	
总体表现							F值:8.832 Sig:0.000
15万元以下	130	5.4333	0.58255	0.05032	4.19	6.81	
15万(含)—25万元	123	5.7453	0.63227	0.05524	4.14	7.00	
25万元含以上	39	5.5589	0.59295	0.09260	4.42	7.00	

注:因“产品价格”相关调研对象必须为拥有汽车的成员,因此此处成员总数不等于306。

(二)结果讨论

考察在不同产品价格情况下的品牌社群融入总体表现后可以发现,15万(含)—25万元价格段上的产品消费者所表现出的品牌社群融入最为强烈。对于这一实证分析结果,笔者认为,产生这种结果的原因有以下几个方面:

第一,小型车或微型车和紧凑型车的个性宣传不突出。15万元以下小型车的品牌社群融入表现最不明显,笔者认为,出现这一问题的主要原因在于这一价格段的产品在宣传时个性不突出。综观这一价格段的汽车广告，在宣传时都不约而同地出现“安全”“精致小车”等字眼，这就给这一阶段的产品消费者带来一种困惑——我们的汽车到底有没有个性。因此，这一产品价格段的消费者对品牌的内涵了解也最浅，同类意识及社群精神都较低，导致品牌社群融入度较低。

第二，中级车的竞争非常激烈。由于市场份额及利润率的原因，15 万(含)—25 万元公私兼顾的中型车是竞争最为激烈的市场之一，几乎所有的主流合资厂商都在这一价格段上投入重金，加大新产品的研发力度，推陈出新的营销模式，不同的产品风格，使得这一价格段的消费者对产品的了解非常多，也能够在很大程度上知晓产品内涵，从而提升了他们的品牌社群融入度。

第三，对于本次调研样本中所涉及的高级车，小众型车较少，大多数的高级车都在主打“豪华”，因此也就影响了这些产品消费者的品牌社群融入度。

品牌社群融入度会随着产品价格的不同而不同，那么需要进一步探讨的问题是：这种融入度对产品价格的敏感性如何？为此，笔者对三组个体样本进行了组间的两两比较，结果见表 3-23。结果显示，15 万元以下小型车或微型车和紧凑型车消费者的品牌社群融入度与 15 万(含)—25 万元中型车消费者的品牌社群融入度有着明显差别，而 25 万元(含)以上高级车消费者的品牌社群融入度则与其他两者之间没有明显差别。

表 3-23 不同产品价格情况下的社群融入度组间比较

品牌社群融入表现	均值	标准误	Sig 值
同类意识			
15 万元以下—15 万(含)—25 万元	−0.31696*	0.09279	0.002
15 万元以下—25 万元(含)以上	−0.15107	0.14225	0.646
15 万(含)—25 万—25 万元(含)以上	−0.16589	0.14738	0.602

续　表

品牌社群融入表现	均值	标准误	Sig 值
社群精神			
15 万元以下—15 万(含)—25 万元	－0.21308	0.10201	0.109
15 万元以下—25 万元(含)以上	0.06583	0.14038	0.954
15 万—25 万—25 万元(含)以上	0.27891	0.14222	0.153
社群责任			
15 万元以下—15 万(含)—25 万元	－0.40621*	0.07265	0.000
15 万元以下—25 万元(含)以上	－0.29183*	0.11424	0.038
15 万(含)—25 万—25 万元(含)以上	－0.11438	0.11177	0.672
总体表现			
15 万元以下—15 万(含)—25 万元	－0.31208*	0.07473	0.000
15 万元以下—25 万元(含)以上	－0.12569*	0.10539	0.556
15 万(含)—25 万—25 万元(含)以上	－0.18639	0.10783	0.242

第四章 品牌社群融入影响因素的实证分析

对于企业和品牌社群管理者来讲，不只是考虑识别出融入品牌社群的成员，他们更关心的是何种因素能够影响品牌社群地融入，以及这些因素对品牌社群融入的影响机制如何。因此，本章主要解决两个问题：第一，影响消费者融入品牌社群的因素有哪些；第二，构建品牌社群影响因素对品牌社群融入表现影响机制研究的框架。

对于第一个问题，主要解决方式包括：首先，结合文献综述中对顾客价值和社群关系的总结，从顾客价值及社群关系入手，对影响消费者融入品牌社群的因素进行理论上的梳理；然后，结合这些理论上的梳理，对影响品牌社群融入的因素进行探讨，从中引出一般品牌社群中影响品牌社群融入的因素；最后，结合所调查的家用汽车行业的品牌社群，对上述梳理结果进行验证，进一步分析家用汽车行业品牌社群融入的影响因素。对于最后一个问题，则考虑采用结构方程模型进行实证研究，以期找到合适的影响路径。

第一节 品牌社群融入的影响因素理论分析

对于品牌社群融入的影响因素，已经有相当多的学者进行了研究，但从顾客价值及社群关系角度进行的研究并不多见。笔者即从这两个角度进行研究，分析哪些因素影响了品牌社群融入。

一、价值获取对品牌社群融入的影响

根据上述文献研究，笔者提出包括功能价值、社会价值、享乐价值、集体谈判价值、认知价值在内的顾客价值获取可以影响到品牌社群成员对品牌社群的融入的观点。

(一)功能价值对品牌社群融入的影响

正如上面文献综述中所述，顾客价值是指能够让消费者更加有效果和有效率地做事情。事实上，功能价值也是消费者参加品牌社群及融入品牌社群的直接因素。这些功能价值主要包括：

第一，信息获取价值。按照Savolainen(1995)的说法，一个人在日常生活中主要搜寻两方面的信息：一是针对某一特定问题的解决方法这样的实用信息；二是一些在活动过程中自然产生的原创性的信息，这些信息同他们在日常生活中的关注点密切相关。由于品牌社群内各个成员之间存在个体差异，每个成员对产品的使用感受是不相同的，加之品牌社群的聚集特性，最终能够产生丰富的信息。通过加入品牌社群，一个人可以获得、分享信息，并且能够知道其他人的所作所为。(Dholakia，Bagozzi & Pearo，2004)例如，在某一汽车品牌社群里，其中的成员拥有不同型号的汽车，拥有汽车的时间不同，遇到的问题不相同，因此能够产生相当多的有关该品牌汽车的信息，如品牌起源、使用心得、维修保养等。

第二，效率价值。首先，效率价值体现在成员获取信息的便利性上。由于品牌成员内一般会员众多，这就使得每个成员获取信息的渠道得以扩大，使得每一个成员能够轻松搜寻到所需要的信息(Ridings & Gefen，2004)，从而提高了每一个成员的效率。其次，效率价值还体现在促使成员提高决策效率上。在很多情况下，单一成员对某一事情的决定会呈现出一种犹豫的状态，如不知道选用什么牌子的配件，不知道该找哪家售后服务商，这种犹豫并不是由于信息的缺乏导致，反而恰恰是因为有较多的选择。在品牌社群中，由于其他成员的推动，或者说是善意的压力，这种犹豫不决很多情况下能够迎刃而解。如在一个汽车品牌社群中，某一成员对选用飞利浦、欧司朗等品牌的车灯产生犹豫时，如果其他成员能够在背后推动一下，这种犹豫自然能够解决。并且，在一些情况下，当处于犹豫状态的某个成员无意中听到其他成员对某一品牌配件的夸奖，或者看到其他某一成员在使用一个品牌配件时，他会在那一刻产生一种倾向性的选择，从而迅速摆脱犹豫状态。得益于效率价值的存在，一些社群成员有依赖于社群的倾向性，从而最终融入了品牌社群。

第三，效能价值。效能价值是指品牌社群可以推动成员做更多的事情，这些事情是多方面的，包括解决产品问题，发掘产品使用新用途，甚至是生活中的其他问题。

第四，便利价值。便利价值主要是针对虚拟社群来讲的，在虚拟社群中，由于存在网络媒介，社群的成员就能够在任何时间参与到社群的网络中，从而在任何时间、任何地方都获得有用的信息。同时，对于非虚拟社群来讲，由于每个成员的信息获取渠道都得到大大提升，导致他们也可以拥有在比单个成员的情况下更加便利的信息获取渠道，只是这种便利价值相对来讲比虚拟社群中的便利价值要小一些。特别是对于很多工作较忙的社会成员来讲，虚拟社群的便利价值已经成为影响他们能否融入品牌社群的最重要因素之一。此外，有些学者也认为，能否方便地获取信息是虚拟社群与非虚拟社群的区别之一。(Vivekananda，2006)

本书提出如下假设：

H1a：功能价值对社群精神能够产生正向影响；

H1b：功能价值对同类意识能够产生正向影响；

H1c：功能价值对社群责任能够产生正向影响。

(二)社会价值对品牌社群融入的影响

人是社会的人,一旦脱离社会交往,人的身心就会不健全。王金池(2000)的调查表明,当代中国城市居民中,有交往愿望的人占到40.2%,很愿意交往的占33.5%,两者相加达73.7%。但同时,人们内心孤独的心态却在强化。北京市的一项民意调查显示,近80%的市民长期或不同时期有过强烈的孤独感和社会隔离感。(周志民,2005)品牌社群是一个社会组织,显而易见,每个人在其中都能获得社会感的提升。这种社会感的提升来源于两方面:

第一,归属感。现代社会中由血缘带来的关系越来越淡,很多人产生了缺少归属感的问题,品牌社群内部存在诸多的关系网,这种关系网保证了归属感的存在。归属感,已经成为成员融入品牌社群的重要推动作用。关于这一点,很多学者的研究中有所涉及,Wang & Fesenmaier(2004)提出归属感是推动品牌社群发展的三种因素之一。此外,Rheingold(1993)也指明了归属感在促进人们融入品牌社群中的重要作用。

第二,荣耀感。由于在品牌社群中提供了诸多的品牌相关知识,提供给其他成员帮助,组织相关活动等从而获得其他成员的尊敬,进而获得荣耀感。Lerner & Tirole(2002)指出,参加品牌社群后,由于参加了一些影响较大的活动并做出了贡献,社群成员能够提升自己的声誉,这种提升推动着品牌社群内成员逐渐融入品牌社群。Chesney(2004)发现,在他研究的吉他虚拟社群中,有些成员会积极地在社群中发表言论,进而提升地位,同时发现人们也乐意这么做。

就此,本书提出如下假设:

H2a:社会价值对社群精神能够产生正向影响;

H2b:社会价值对同类意识能够产生正向影响;

H2c:社会价值对社群责任能够产生正向影响。

(三)认知价值对品牌社群融入的影响

人是一种社会性动物。按照 Dholakia, Bagozzi & Pearo(2004)的说法,通过社会交往能够使一个人更加清楚地认识自己。在品牌社群中,由于社群精神的存在,使得品牌社群内的人在展示自己时的成本和风险都降到非常低的程度(McKenna,Green & Gleason, 2002),这推动了品牌社群成员积极展示自己,进而更清楚地认识自己。这主要包括三个方面:

第一,自我认知价值。自我认知价值是通过在品牌社群中与其他成员的交流来获得(McKenna, Green & Heisley,1999),它是通过社会交往来推动的一种感知(Dholakia, Bagozzi & Pearo, 2004)。自我认知价值不同于前述的效用价值,自我认知价值更倾向于对个人内在的关注。(Dholakia, Bagozzi & Pearo,2004)

第二,感知提升价值。一方面,品牌社群成员在社群中通过与其他成员的交流可以获得社会资源,进而帮助他们实现自己的目标。(Dholakia, Bagozzi & Pearo,2004;McKenna & Bargh,1998)例如,在某一汽车品牌社群内,一个成员可以与其他有较长使用期限或者是对汽车更加熟悉的成员进行交流,这种交流的过程并不是刻意去学习从而提高的过程,而是在潜移默化中使自己得到了提升。另一方面,品牌社群内的很多交流都是公开的,特别是虚拟社群,大量的品牌相关信息是通过留言板等形式公布在网上,这些公开的信息也为个人水平的提升提供了有利的平台。正如 Flap, Bulder & Volker(1998)所述,品牌社群在个人提升上能够发挥重要的作用,这是因为他们提供了一个相互交流的平台,这种交流的平台就为自我的提升提供了基础。这种自我的提升推动着消费者参加品牌社群、融入品牌社群。

第三,形象价值。形象价值是品牌社群能够提供给成员的一种非常重要的心理价值,特别是对于一些高档产品、个性产品的品牌社群更是如此。这些品牌社群的成员不只是乐于在其他人面前炫耀产品本身,也乐于炫耀自己所加入的品牌社群。换句话说,不只是产品本身能够为消费者提供形象价值,品牌社群也能够为消费者提供形象价值。如果这一品牌社群有自己的标识,他们也乐于佩戴。这种形象价值如果持续突出,就会促使消费者参加品牌社群并且一步步地融入品牌社群。

就此,本书提出如下假设:

H3a:认知价值对社群精神能够产生正向影响;

H3b:认知价值对同类意识能够产生正向影响;

H3c:认知价值对社群责任能够产生正向影响。

(四)享乐价值对品牌社群融入的影响

在现代社会中,人们在日常工作、生活中所受的压力越来越大,这就使得人们更加迫切需要寻找一种压力释放、获取乐趣的渠道。品牌社群,由于其天然的社会沟通功能,成为人们寻找乐趣的重要渠道。在众多研究中都提到,享乐价值是促进消费者加入品牌社群、融入品牌社群的重要驱动因素。(Dholakia, Bagozzi & Pearo,2004;Korgaonkar & Wolin,1999;Ridings & Gefen,2004)品牌社群通过两个渠道为其成员提供享乐价值:

第一,品牌社群中存在的信息。品牌社群是一个互相交流的实体,各个成员在其中充分地交流,产生了一些能够为个人带来愉悦的信息。在虚拟品牌社群中,有些成员经常在网上发布一些有趣的信息,为其他成员带来愉悦。成员的这种愉悦感不需要过分依赖于其他成员的行为,更多地可以通过自我感受得来(Holbrook,1998),它也不需要每个成员都参与到品牌社群的讨论中,通过自己的观察、聆听和感受就可以。

第二,品牌社群本身带来的愉悦。有学者研究证实,消费者加入品牌社群后,通过参与品牌社群的活动或与其他成员的交流能够产生放松和愉悦的心情。(Dholakia, Bagozzi & Pearo,2004)在具有血缘关系的联系越来越少的今天,很多人由于工作、生活等诸多压力导致心理问题,使自己不快乐,此时品牌社群成为人们排解压力、获得愉悦感的良好平台。特别是对于现在的年轻人,参加一个社群已经不再仅仅是一种时尚,而已经成为一种排解压力、获得心情上放松和愉悦的重要途径。

就此,本书提出如下假设:

H4a:享乐价值对社群精神能够产生正向影响;

H4b:享乐价值对同类意识能够产生正向影响;

H4c:享乐价值对社群责任能够产生正向影响。

(五)集体谈判价值对品牌社群融入的影响

集体谈判这一词语最初是一个法律术语,指的是雇主和工人(常常是以工会的形式)之间针对工作报酬、工作时间及其他劳动条件,以坦诚的态度所进行谈判的一种制定制度的过程,其目的是签订集体协议,规范双方的权利和义务,解决工作场所中所共同关注的问题。笔者针对品牌社群中出现的一种现象借鉴了这一术语。一般来讲,买方在信息获取、专业知识储备、力量对比等方面较卖方存在着很大差距,造成了在谈判时的劣势地位,品牌社群能够弥补这一劣势。品牌社群是一个由很多志同道合的人组成的集合体,这一集合体在维护自身权利时能够发挥与劳资谈判中"工会"相似的功能。很多人加入品牌社群也是由于品牌社群具有的这种集体谈判能力。品牌价值的集体谈判价值主要体现在两方面:第一,是售前集体谈判价值的体现。如在汽车品牌社群中,车友会组织的众多团购活动就发挥了车友会单个成员所不具有的谈判优势;第二,在产品使用过程中,如果涉及退换货、延长保修期等,品牌社群也发挥着单个品牌社群成员所不具有的优势。这都是品牌社群成员逐渐融入品牌社群的重要推动因素之一。

就此，本书提出如下假设：

H5a：集体谈判价值对社群精神能够产生正向影响；

H5b：集体谈判价值对同类意识能够产生正向影响；

H5c：集体谈判价值对社群责任能够产生正向影响。

二、社群关系对品牌社群融入的影响

品牌社群是社会化的产物，是一个社会网络的集合体。因此，在品牌社群内，每一位成员都处于其他成员的影响下，品牌社群内在的这种关系也会影响品牌社群融入。对于品牌社群关系，本书提出关系信任及社群压力两种。

（一）关系信任对品牌社群融入的影响

在营销实践中，因为许多顾客没有专门的知识和技术来预测产品质量或者相应的服务结果，从而必须信任他们的服务提供者。如果顾客没有建立起对企业的合理程度信任，顾客与企业的关系也就很难长久维持。（严浩仁，2005）而对于品牌社群，其成员存在较大的信任关系，这种信任首先是对成员之间交流内容的信任，基础是对信息内容本身的信任和对其他成员本身的信任。其次是对品牌社群本身的信任。这种信任与顾客对厂商的信任内涵相同。由此，这种关系信任可能就包括成员所感知到的社群可靠性、成员与社群关系的长期性、品牌社群本身的形象和企业声誉等。应该看到，品牌社群的关系信任是品牌社群存在的基础，也是成员是否能够融入品牌社群的基础，只有基于关系信任，品牌社群融入才能够产生。

就此，本书提出如下假设：

H6a：关系信任对社群精神能够产生正向影响；

H6b：关系信任对同类意识能够产生正向影响；

H6c：关系信任对社群责任能够产生正向影响。

(二)社群压力对品牌社群融入的影响

社群压力存在于每个社群,它主要来源于两方面:

第一,来自于其他成员的压力。在一个品牌社群内部,如果一个成员做了不利于该品牌的事情,说了不利于该品牌的话语,或者是在再次购买或是推荐其他人购买产品时选择了其他品牌,通常会受到其他成员给予的压力。这种压力如果较小或是以非正式的形式存在,可能对成员的品牌社群融入产生的影响微乎其微;但如果这种社群压力很大,会使得其成员产生不舒服的感觉,可能会对成员的品牌社群融入产生非常不利的影响。

第二,来自于品牌社群的压力。这种压力体现在两个方面:一是如果一个成员对品牌社群怀有感情,或者是这个成员在社群中得到了价值,他在选择其他品牌产品或者推荐其他品牌产品时就会受到不经意的约束。二是对于一些结构较为正规、活动相对较多的品牌社群来讲,可能会需要其成员在会费上提供一定的支持,继而产生经济压力。还有一些社群会要求其品牌社群成员能够积极地参加活动,否则将会处以降低会员资格等形式的处罚,这就会使得其成员产生时间压力。经济和时间上的压力如果处理不当,很容易使品牌社群成员产生脱离品牌社群的想法。

就此,本书提出如下假设:

H7a:社群压力对社群精神能够产生负向影响;

H7b:社群压力对同类意识能够产生负向影响;

H7c:社群压力对社群责任能够产生负向影响。

第二节　测量工具的产生和小样本检验

一、前测问卷的产生

（一）问卷变量的来源

以往文献对功能价值、社会价值的研究较多一些。Garver（1998）指出功能价值是构成顾客价值的中心，他将功能价值分为能够更有效果地做事情、能够更有效率地做事情、能够有更多被告知及被教育的机会、能够进行更理性的判断、能够持续性地得到帮助、能够享受内部客户服务六方面的内容。针对这六方面的内容，他将测量问题设计成"它让我的工作更加轻松了""它使我摆脱了很多的矛盾""它使我做事情事半功倍""它节约了我的时间""它能够使我快速了解我所想知道的""它能够让我与时俱进"六个。此外，Dholakia，Bagozzi & Pearo（2004）及 Vivekananda（2006）对功能价值也进行了测量，笔者也参考了这些文献。

对于社会价值，Garver（1998）提出的测量问题项包括：第一，它能够让我感受到被关心；第二，我感到非常舒服；第三，因为能够和志同道合的人在一起，我能够体会到我在做什么，并且能够享受这个。同样，Dholakia，Bagozzi & Pearo（2004）及 Vivekananda（2006）等对社会价值的测量也进行了研究。

对于认知价值、享乐价值，Dholakia，Bagozzi & Pearo（2004）及 Vivekananda（2006）的研究中也有所涉及。本文在借鉴 Vivekananda 研究中对享乐价值测量问题项时发现一个问题，即对于认知价值和享乐价值这种心理感觉上的测量，需要尽量减少翻译带来的影响，方式是访谈校正。

在国内，浙江大学的赵茂磊（2005）、陈顺林（2007）对虚拟（品牌）社群的参与进行了相关研究，深圳大学的周志民（2005）及福州大学的林青（2006）从顾客价值角度对类似问题进行了探讨。本书的问卷在形成过程中也对上述研究进行了参考。

（二）访谈校正

根据从文献中整理出来的测量条目，结合论文的研究对象和研究特点，笔者设计了针对汽车品牌社群的访谈提纲，其中的关键词见表 4-1。本部分研究的访谈对象同上一章的访谈对象相同。

表 4-1　品牌社群融入影响因素研究的访谈关键词

模型构造	访谈关键词
功能价值	信息获取、做更多的事情、更快地做出决定
社会价值	认识朋友、荣耀感提升、归属感
享乐价值	心情愉悦、心情放松、排除烦恼
认知价值	认识自我、自己水平提升
集体谈判价值	集体采购、维权、额外特殊服务
社群压力	口头压力、行为压力、拘束
关系信任	信任、真实、利益

（三）前测问卷的产生

本部分在结合国外研究的基础上，通过对车友会成员进行访谈，结合专家学者们的意见，总结出了我国汽车行业品牌社群融入影响因素的测量条款，形成了前测问卷，具体见表 4-2。

表 4-2　品牌社群融入影响因素的前测问卷

维　　度	条　　款
功能价值	加入车友会，我能从其他会员处得到一些有价值的信息 加入车友会，我能从车友会的公开场合得到有价值的信息 加入车友会后，我提供给其他人一些有用的信息

续 表

维　　度	条　　款
	如果我碰到汽车购买、使用等方面的问题，车友会能够促使我更快地做出决定 由于车友会内人数众多且较为专业，我能够更加容易地得到我所需要的信息 加入车友会，我能够做的事情更多了 加入车友会，我获得帮助或信息的渠道大大扩展了
社会价值	加入品牌社群，我感到我自己被更多的人所认识了 加入品牌社群，我可以同更多的人进行交流，有了更多的朋友 通过参加车友会的活动，我越来越感到自己被别人所欣赏 通过参加车友会的活动，我感到很有成就感，感到自己是不可缺少的
享乐价值	通过参加车友会的活动，使我的心情变得好起来 通过参加车友会的活动，放松了自己的心情
认知价值	加入车友会后，我遇到了很多志同道合的人 （根据相关研究建议，测量时将该条款归为社会价值项） 车友会成员之间更坦诚相待，从而使我发现了自己更多的优缺点 通过参加车友会的活动，我发现自己对汽车的相关了解增加了很多 由于加入车友会，我发现我对一些事情的看法改变了
集体谈判价值	由于加入了车友会，我发现如果在出现了汽车质量、售后服务等方面的问题后，我同汽车厂商对话的底气更足了 加入车友会，我得到了汽车厂商提供的免费洗车、增加保养次数等特殊服务 加入车友会后，团购汽车从而获得价格上优惠的可能性大大提高了
社群压力	参加车友会所花费的费用及时间等有时让我感到不舒服 车友会的一些章程，有时让我产生一定的被拘束的感觉 我在推荐其他品牌汽车产品时受到了车友会成员口头或行为上的压力 我在购买其他品牌汽车时受到了车友会成员口头或行为上的压力
关系信任	我乐意接受车友会成员提供的在汽车使用、购买、维修等方面的帮助

续 表

维度	条款
	我相信车友会做事情时会考虑我的利益,不会损害我的利益 我相信车友会为我提供的信息是真实可靠的 我认为比起非车友会的成员,他们更不会损害我的利益

二、前测问卷预检验

在本部分的小样本分析中,同样采用了上述方法及所获的问卷。具体获得方式及获取途径不再赘述。

(一)小样本变量净化分析结果

第一,功能价值量表的变量净化。用 CITC 法和 Cronbach α 系数法净化和删除功能价值量表的“垃圾条款”。从表 4-3 中可以看出,功能价值相关的第 6、7 项测量条款的 CITC 值小于 0.5,删除这两个条款后,剩余条款的总体信度 α 系数由原来的 0.737 提高到 0.776,从而满足了删除标准,可以进行删除。删除条款 A_6、A_7 后,功能价值的其他 5 个测量条款的 CITC 值分别为 0.621, 0.564,0.600,0.566 及 0.511,均大于 0.5。量表整体的 α 系数为 0.776,大于 0.7,符合信度要求。

表 4-3 功能价值相关量表的 CITC 和信度分析

测量条款	$CITC_1$	$CITC_2$	删除此条款后的 α 系数	Cronbach α
A_1	0.601	0.621	0.713	$\alpha_1=0.737$
A_2	0.514	0.564	0.729	$\alpha_2=0.776$
A_3	0.504	0.600	0.717	
A_4	0.495	0.566	0.763	
A_5	0.562	0.511	0.748	
A_6	0.215	删除	删除	
A_7	0.306	删除	删除	

第二,社会价值相关量表净化。用 CITC 法和 Cronbach α 系数

法净化和删除社会价值量表的“垃圾条款”。从表 4-4 中可以看出，社会价值相关的第 8、14 项测量条款的 CITC 值小于 0.5，删除这两个条款后，剩余条款的总体信度 α 系数由原来的 0.700 提高到0.710，从而满足了删除标准，可以进行删除。删除条款 A_8，A_{14} 后，社会价值的其他 3 个测量条款的 CITC 值分别为 0.538，0.502 及 0.548，均大于 0.5。量表整体的 α 系数为 0.710，大于 0.7，符合信度要求。

表 4-4　社会价值相关量表的 CITC 和信度分析

测量条款	$CITC_1$	$CITC_2$	删除此条款后的 α 系数	Cronbach α
A_8	0.318	删除	删除	$\alpha_1=0.700$
A_9	0.605	0.538	0.599	$\alpha_2=0.710$
A_{10}	0.497	0.502	0.645	
A_{11}	0.533	0.548	0.596	
A_{14}	0.384	删除	删除	

第三，享乐价值相关量表净化。用 CITC 法和 Crobach α 系数法净化和删除享乐价值量表的“垃圾条款”。从表 4-5 中可以看出，总体信度 α 系数均大于 0.7，满足信度要求。各问题项的 CITC 值均大于 0.5，均满足所需条件。通过本次检验，原假设量表中无须删除项。

表 4-5　享乐价值相关量表的 CITC 和信度分析

测量条款	CITC	删除此条款后 α	Cronbach α
A_{12}	0.755	0.796	$\alpha_1=0.860$
A_{13}	0.755	0.797	

第四，认知价值相关量表净化。用 CITC 法和 Crobach α 系数法净化和删除认知价值量表的“垃圾条款”。从表 4-6 中可以看出，总体信度 α 系数均大于 0.7，满足信度要求。各问题项的 CITC 均大于 0.5，均满足所需条件。通过本次检验，原假设量表中无须删除项。

表 4-6　认知价值相关量表的 CITC 和信度分析

测量条款	CITC	删除此条款后 α	Cronbach α
A_{15}	0.806	0.710	$\alpha_1=0.851$
A_{16}	0.764	0.752	
A_{17}	0.620	0.883	

第五，集体谈判价值相关量表净化。用 CITC 法和 Cronbach α 系数法净化和删除集体谈判价值量表的“垃圾条款”。从表 4-7 中可以看出，总体信度 α 系数均大于 0.7，满足信度要求。各问题项的 CITC 值均大于 0.5，均满足所需条件。通过本次检验，原假设量表中无须删除项。

表 4-7　集体谈判价值相关量表的 CITC 和信度分析

测量条款	CITC	删除此条款后 α	Cronbach α
A_{18}	0.839	0.857	$\alpha_1=0.914$
A_{19}	0.879	0.824	
A_{20}	0.754	0.935	

第六，社群压力相关量表净化。用 CITC 法和 Cronbach α 系数法净化和删除社群压力量表的“垃圾条款”。从表 4-8 中可以看出，总体信度 α 系数均大于 0.7，满足信度要求。各问题项的 CITC 值均大于 0.5，均满足所需条件。通过本次检验，原假设量表中无须删除项。

表 4-8　社群压力相关量表的 CITC 和信度分析

测量条款	CITC	删除此条款后 α	Cronbach α
A_{21}	0.772	0.873	$\alpha_1=0.901$
A_{22}	0.774	0.873	
A_{23}	0.815	0.853	
A_{24}	0.753	0.882	

第七，关系信任相关量表净化。用 CITC 法和 Cronbach α 系

数法净化和删除社群关系量表的“垃圾条款”。从表 4-9 中可以看出，总体信度 α 系数均大于 0.7，满足信度要求。各问题项的 CITC 值均大于 0.5，均满足所需条件。通过本次检验，原假设量表中无须删除项。

表 4-9 关系信任相关量表的 CITC 和信度分析

测量条款	CITC	删除此条款后 α	Cronbach α
A_{25}	0.514	0.589	$\alpha_1=0.748$
A_{26}	0.587	0.611	
A_{27}	0.544	0.595	
A_{28}	0.574	0.615	

(二)小样本变量探索性因子分析结果

同样，在对品牌社群融入影响因素进行了测量条款的净化后，还可能存在信息重叠的现象，在此也还需要对剩余条款进行探索性分析，看一个理论构建是否能够构成两个以上的因子。

对于探索性因子分析的具体方法及指标同上一章所述，在此不再赘述，仅将结果列出，如表 4-10、4-11 所示。

表 4-10 品牌社群融入影响因素的 KMO 测度和巴特莱特球体检验结果

Kaiser-Meyer-Olkin	取样适当性检验	0.772
巴特莱特球体检验	卡方值	1866.577
	自由度 df	276
	显著性概率 Sig.	0.000

表 4-11 品牌社群融入影响因素的因子分析结果

因子	1	2	3	4	5	6	7
A_{23}	**0.906**	−0.014	−0.024	−0.033	−0.038	0.006	−0.074
A_{21}	**0.851**	−0.078	−0.003	−0.179	−0.071	−0.093	0.004
A_{24}	**0.850**	−0.046	0.038	−0.095	−0.058	0.045	−0.073
A_{22}	**0.837**	−0.111	0.067	−0.154	−0.079	−0.088	−0.066

续　表

因子	1	2	3	4	5	6	7
A_1	0.005	**0.801**	0.038	0.145	0.090	−0.070	0.052
A_2	−0.108	**0.740**	0.084	0.212	−0.014	−0.077	0.030
A_3	−0.139	**0.727**	0.068	0.109	0.221	0.090	0.035
A_5	0.007	**0.641**	0.198	−0.013	−0.010	0.150	0.204
A_4	−0.064	**0.533**	0.135	0.094	0.093	0.353	0.196
A_{19}	0.037	0.065	**0.928**	0.163	0.059	0.054	0.092
A_{18}	−0.016	0.107	**0.896**	0.172	0.083	0.074	0.094
A_{20}	0.063	0.270	**0.832**	0.094	0.105	0.023	0.120
A_{15}	−0.232	0.243	0.112	**0.838**	0.191	0.069	−0.019
A_{16}	−0.298	0.104	0.086	**0.824**	0.140	0.031	0.039
A_{17}	−0.108	0.125	0.251	**0.644**	0.168	0.110	0.309
A_{25}	0.061	0.214	0.223	0.585	−0.077	0.022	**0.397**
A_{11}	−0.064	0.103	0.183	−0.035	**0.811**	0.044	0.057
A_{10}	0.021	0.044	0.001	0.230	**0.736**	0.163	0.090
A_9	−0.225	0.128	0.027	0.149	**0.696**	0.013	0.219
A_{13}	−0.002	0.070	0.020	0.016	0.077	**0.917**	0.026
A_{12}	−0.091	0.062	0.093	0.111	0.110	**0.890**	0.091
A_{27}	−0.067	0.008	0.069	0.219	0.097	0.219	**0.762**
A_{28}	−0.131	0.192	0.048	0.015	0.054	−0.078	**0.698**
A_{26}	0.005	0.127	0.175	0.097	0.303	0.062	**0.577**

笔者保留了绝大多数因子载荷超过0.5的测量条款，对于A_{25}条款，虽然其因子分析显示在与A_{26}，A_{27}，A_{28}共同因子上小于0.5，但其在因子3,4,6,7上均处于0.2—0.5之间，区分度不高。并且，很显然，A_{25}的测量含义属于品牌社群成员对于其他成员的信任。基于此，将A_{25}测量项一并归为A_{26}，A_{27}，A_{28}因子上。据此，笔者品牌社群融入影响因素共提取七个因子，分别命名为：功能价值、社会价值、享乐价值、认知价值、集体谈判价值、社群压力及关系信任。

第三节　测量量表的信度与效度检验

在本部分研究中，所采用的大样本数据同上章所采用的数据一样。同样，为了保证本部分理论构建中变量适合于采用结构方程分析方法，需要进行可信性及有效性的检验，否则根据变量间的统计关系做出的结论经不起推敲。内部一致性信度检验同小样本分析中的CITC及Cronbach α系数法相同，分析工具为统计软件SPSS 15.0。有效性分析可通过检验内容效度、收敛效度及区分效度来进行。其中，内容效度通过主观感觉来评价，收敛效度和区分效度则通过验证性因子分析方法来进行，分析工具为AMOS 6.0。

一、内部一致性信度分析

在此，内部一致性信度分析同小样本分析中所用方法完全相同，方法及标准不再赘述，仅将最终结果列出，如表4-12、4-13、4-14、4-15、4-16、4-17、4-18所示。

表4-12　功能价值相关量表的CITC和信度分析

测量条款	CITC	删除此条款后α	Cronbach α
A_1	0.660	0.706	$\alpha_1=0.781$
A_2	0.548	0.744	
A_3	0.609	0.722	
A_4	0.576	0.766	
A_5	0.594	0.760	

表 4-13　社会价值相关量表的 CITC 和信度分析

测量条款	CITC	删除此条款后 α	Cronbach α
A_9	0.536	0.701	$\alpha_1=0.758$
A_{10}	0.597	0.623	
A_{11}	0.571	0.656	

表 4-14　享乐价值相关量表的 CITC 和信度分析

测量条款	CITC	删除此条款后 α	Cronbach α
A_{12}	0.739	0.813	$\alpha_1=0.850$
A_{13}	0.738	0.814	

表 4-15　认知价值相关量表的 CITC 和信度分析

测量条款	CITC	删除此条款后 α	Cronbach α
A_{15}	0.778	0.666	$\alpha_1=0.758$
A_{16}	0.746	0.704	
A_{17}	0.554	0.884	

表 4-16　集体谈判价值相关量表的 CITC 和信度分析

测量条款	CITC	删除此条款后 α	Cronbach α
A_{18}	0.812	0.824	$\alpha_1=0.896$
A_{19}	0.847	0.794	
A_{20}	0.716	0.918	

表 4-17　社群压力相关量表的 CITC 和信度分析

测量条款	CITC	删除此条款后 α	Cronbach α
A_{21}	0.790	0.902	$\alpha_1=0.919$
A_{22}	0.823	0.891	
A_{23}	0.846	0.882	
A_{24}	0.794	0.901	

表 4-18　关系信任相关量表的 CITC 和信度分析

测量条款	CITC	删除此条款后 α	Cronbach α
A_{25}	0.571	0.805	$\alpha_1=0.739$
A_{26}	0.554	0.647	
A_{27}	0.499	0.520	
A_{28}	0.569	0.806	

二、测量效度分析

为了验证品牌社群融入影响因素的收敛效度及区分效度，笔者在此同样对品牌社群融入影响因素进行了验证性因子分析。

从表 4-19 中可以看出，品牌社群融入使得因素验证性因子分析的拟合效果比较好，各类拟合指数均超过评价标准。绝对拟合指数 $\chi^2/df=2.254<3$，RMSEA<0.1，GFI$=0.899\approx0.9$，优于或接近于最佳评价标准；相对拟合指数 NFI$=0.886\approx0.9$，CFI$=0.913>0.9$，NNFI$=0.896\approx0.9$，这些指标也优于或非常接近于最佳评价标准。这说明，品牌社群融入影响因素量表的拟合程度较好，适合于进一步进行区分效度及收敛效度的分析。

表 4-19　品牌社群融入影响因素模型拟合结果

拟合指数	拟合结果
卡方/自由度(χ^2/df)	2.254
拟合优度指数(GFI)	0.899
近似误差均方根(RMSEA)	0.064
残差均方根(RMR)	0.058
常模拟合指数(NFI)	0.886
非常模拟合指数(NNFI)即 TLI	0.896
比较拟合指数(CFI)	0.913

总体模型被接受以后，每个结构变量还需要进行检验。一是评判收敛效度，二是评判区分效度，笔者在此同样采用了 *CR* 及

AVE 两个指标进行判断，结果如表 4-20 所示。

表 4-20 品牌社群融入影响因素收敛效度指标计算结果

	标准载荷	(构建信度)CR	AVE
功能价值		0.969	0.864
A_1	0.770		
A_2	0.651		
A_3	0.719		
A_4	0.549		
A_5	0.546		
社会价值		0.922	0.799
A_9	0.593		
A_{10}	0.693		
A_{11}	0.589		
享乐价值		0.928	0.869
A_{12}	1.044		
A_{13}	0.708		
认知价值		0.953	0.873
A_{15}	0.924		
A_{16}	0.854		
A_{17}	0.606		
集体谈判价值		0.982	0.948
A_{18}	0.901		
A_{19}	0.940		
A_{20}	0.753		
社群压力		0.987	0.951
A_{21}	0.838		
A_{22}	0.870		
A_{23}	0.891		
A_{24}	0.842		
关系信任		0.927	0.723
A_{25}	0.598		
A_{26}	0.571		
A_{27}	0.612		
A_{28}	0.423		

根据上表可知，各维度的CR值均高于0.6，AVE值均高于0.5，说明该问卷品牌社群融入影响因素部分的收敛效度不错。

区分效度是指不同变量测量之间的差异化程度。比较AVE的均方根与因子间相关系数的大小，是分析区分效度的常用方法。表4-21列出了品牌社群融入影响因素各因子间的相关系数和AVE的均方根（以粗体显示于对角线），从中首先可以发现，没有两个维度之间的相关系数特别大，相关系数的取值均在－0.358—0.499之间；其次可以发现，各因子的AVE值的均方根均大于其与其他因子之间的相关系数，表明品牌社群融入影响因素的区分效度较好。

表4-21　品牌社群融入影响因素模型AVE的均方根与影响因素因子相关系数比较

	功能价值	社会价值	享乐价值	认知价值	集体谈判价值	社群压力	关系信任
功能价值	**0.929**						
社会价值	0.499	**0.894**					
享乐价值	0.115	0.283	**0.932**				
认知价值	0.354	0.473	0.231	**0.934**			
集体谈判价值	0.265	0.276	0.158	0.280	**0.974**		
社群压力	－0.226	－0.343	－0.136	－0.358	－0.054	**0.975**	
关系信任	0.320	0.456	0.375	0.454	0.422	－0.174	**0.850**

针对上述探索性及验证性因子分析做以下两点说明：第一，由于探索性因子分析及验证性因子分析所使用样本不同，因此探索分析中各因子载荷与验证性因子分析中标准化路径系数有一定的差别，但在多数因子上两者差别不大；第二，通过验证性因子分析的整体拟合指数结果图（图4-1）可以发现，以上七个因素之间的相关系数并不高，因此可以认定上述因子的重叠性不高，上述因子的划分是正确的。

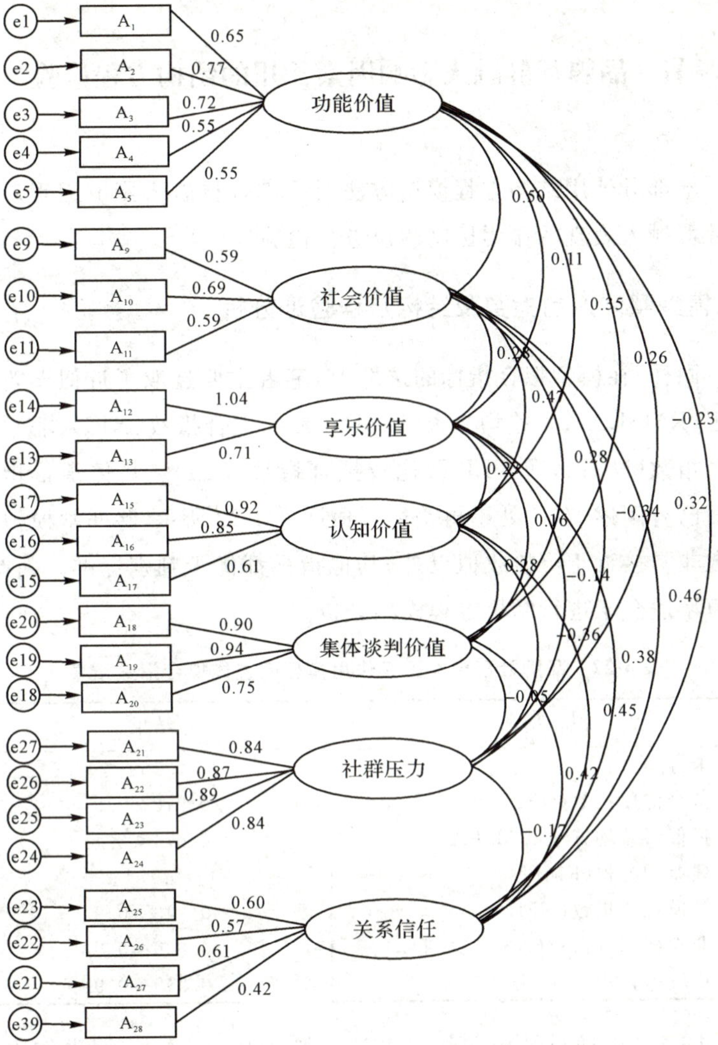

图 4-1 品牌社群融入影响因素因子分析的整体拟合指数结果图

第四节 品牌社群融入影响因素作用的结构方程检验

本部分使用结构方程模型方法对品牌社群融入影响因素对品牌社群融入表现的作用机制假设进行检验。

一、模型整体拟合指数及结构方程验证分析

同样,在模型拟合指标的选取上,笔者主要选取了近似误差均方根(RMSEA)、残差均方根(RMR)、常模拟合指数(NFI)、非常模拟合指数(NNFI,即 TLI)及比较拟合指数(CFI)。具体衡量指标上面已有阐述,在此处不再赘述。根据表 4-22 所示,除非常模拟合指数非常接近于可接收值以外,其他指标都优于判别标准。因此,本模型适合于进行结果方程模型分析。

表 4-22 品牌社群影响因素作用模型的整体拟合指数结果

拟合指数	结果
卡方/自由度	2.69
拟合优度指数(GFI)	0.918>0.9
近似误差均方根(RMSEA)	0.074<0.1
残差均方根(RMR)	0.151
常模拟合指数(NFI)	0.943>0.9
非常模拟合指数(NNFI,即 TLI)	0.899≈0.9
比较拟合指数(CFI)	0.919>0.9

图 4-2 即通过结构方程方法对品牌社群融入影响因素作用机制检验的结果图。从图中可以显示出品牌社群融入各影响因素对品牌社群融入各表现维度的作用系数。

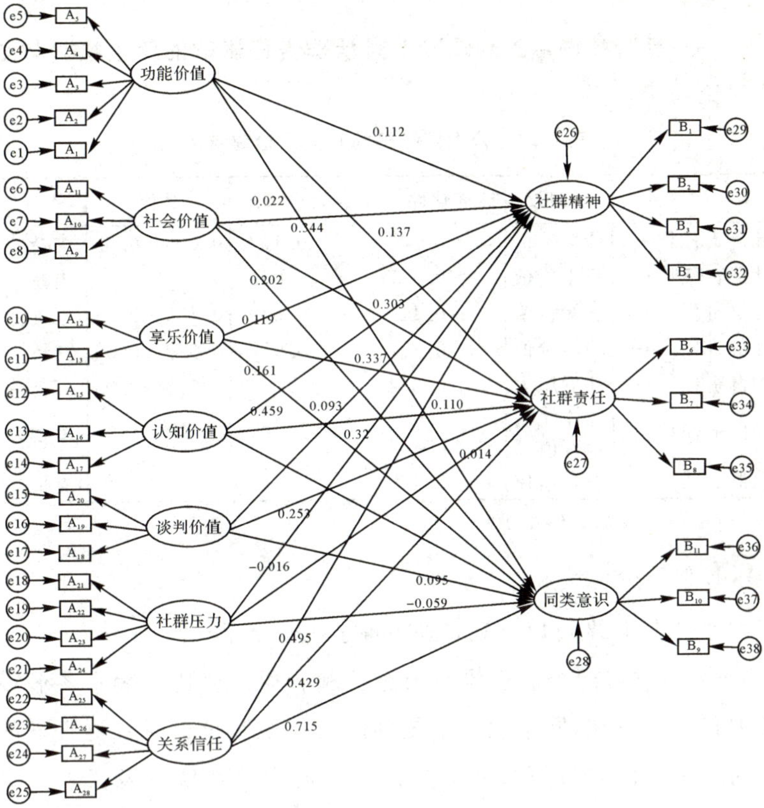

图 4-2　品牌社群融入影响因素作用机制的结构方程模型路径系数图

二、相关假设验证及讨论

以下对结构方程模型的各假设路径系数的测算结果按照品牌社群融入维度进行分类予以展示，并对此结果进行讨论。

(一)品牌社群融入影响因素对社群责任影响的假设检验与结果讨论

表 4-23 模型路径检验和假设检验结果

		原假设	标准化路径系数	C.R.	P值	结论
社群责任	←	社会价值	0.303	0.107	0.005<0.05	支持
社群责任	←	享乐价值	0.337	0.069	***	支持
社群责任	←	认知价值	0.110	0.073	0.135>0.05	不支持
社群责任	←	功能价值	0.137	0.062	0.026<0.05	支持
社群责任	←	社群压力	0.014	0.025	0.577>0.05	不支持
社群责任	←	集体谈判价值	0.253	0.055	***	支持
社群责任	←	关系信任	0.429	0.081	***	支持

注：*** 表示 P 值小于 0.001。

1.假设验证结果

通过表 4-23 可以直观看到出现了三个结果：

第一,共有两个假设没有通过检验。通过对比上表中各假设的 P 值可以发现,原来假设中提到的集体谈判价值对社群责任的正向影响及认知价值对社群责任的正向影响在统计意义上不显著,假设不成立。也就是说,认知价值及社群压力与社群责任不相关。

第二,原来假设中共有五个假设通过检验。通过对比上表中各假设 P 值可以发现,社会价值与社群责任之间关系的 P 值小于 0.05,功能价值与社群责任之间关系的 P 值小于 0.05,享乐价值、集体谈判价值及关系信任与社群责任之间关系的 P 值也均小于 0.01。上述五个假设全部通过检验,也就是说,社会价值、享乐价值、功能价值、集体谈判价值及关系信任与社群责任具有正向相关关系。

第三,各因子对社群责任的影响水平有显著不同。通过对比各因子对社群责任影响的标准化路径系数可以发现,各因子对社群责任的影响水平有显著差异。其中,关系信任对社群责任的影响程度最大,其次是社会价值和享乐价值,最小的是功能价值。

2.假设验证结果讨论

顾客价值和社群关系作为品牌社群融入的相关因素,对品牌社群融入三种表现之一的社群责任有着不同的影响,深入分析顾客价值和社群关系各个维度对品牌社群融入的影响,可以发现如何有效地促进品牌社群成员对品牌社群的融入,从而更加有效地促进品牌社群的发展。

通过分析上述实证研究结果表明,顾客价值和社群关系的各个维度与品牌社群融入表现维度之一的社群责任大多是具有正向相关关系,仅有认知价值和社群压力与社群责任无显著关系,具体表现为以下两个方面:

第一,顾客价值维度与社群责任的关系。

通过结构方程模型分析可以看出,顾客价值维度中与社群责任相关的维度有社会价值、享乐价值、功能价值及集体谈判价值。社群责任指的是品牌社群成员对于维护品牌社群发展的意识。维护品牌社群发展的渠道有两个:一个是通过帮助品牌社群内其他成员,从而留住其他成员;另外一个是通过积极引荐其他人加入来扩大品牌社群的规模。通过分析上述实证结果,可以发现两个问题:

首先,社会价值、享乐价值、功能价值及集体谈判价值能够正向影响到社群责任,而认知价值与社群责任之间无相关关系。也就是说,如果品牌社群成员能够在品牌社群中得到社会价值的提升,能够得到快乐,能够得到有用的信息或是能够提升自己与厂商对话的地位时,都能够促使其积极推动品牌社群的发展和壮大。但如果品牌社群成员仅仅在品牌社群中产生了更强烈的认识自我的意识或是感受到自己的能力由于融入品牌社群而得到提升，并不能导致这个成员积极推动品牌社群的发展和壮大。究其原因，主要是由于人们能否认识到自我、能否感觉到自身水平的提升与自己的对外贡献有没有关联。也就是说，人们在品牌社群中即使能够获得自己认知水平上的提升，即使能够发现加入品牌社群能够使自己的知识水平得到提升，也只能是让他更能意识到品牌社群带来的好处，不能够推动他的奉献精神，不能让其更自觉地帮助其他人。相反，社会价值是众多成员给予的，享乐价值也是众多成员给予的，功能价值也主要是众多成员所提供的信息组织，集体谈判价值更是集体力量的结晶，如果品牌社群成员在品牌社群中得到了这几种价值，他肯定可以意识到品牌社群的壮大和持续发展对他的好处，他也就会自然而然地通过帮助其他人或是介绍其他人加入品牌社群来达到使品牌社群壮大的目的。

其次，在上述与社群责任有关的顾客价值维度中，享乐价值和社会价值对社群责任的影响大一些，而功能价值和集体谈判价值的影响则小一些。这主要是因为成员通过在品牌社群中的活动可以发现，享乐价值和社会价值是品牌社群所能带给成员的最重要的价值，这两种价值的存在更需要依赖品牌社群的壮大，因为规模小的品牌社群是无法给予其成员足够的社会荣耀感及享乐的。这就促成了品牌社群的成员感知到的享乐价值及社会价值越大，他越感觉到品牌社群壮大的重要性，也就推动其在维护品牌社群壮大中发挥更大的作用。相反，对于功能价值来讲，由于品牌社群成员可以通过网络等各种方式来弥补自己信息量不足的缺点，他还没有深刻感觉到品牌社群中功能价值的分量。对于集体谈判价值来讲，同样也存在这样的问题，随着法律的健全、厂商对口碑的重视，使得品牌社群成员对于品牌社群的大小与谈判能力的提高之间的关系认识还不够深刻。这些就导致功能价值与集体谈判价值对社群责任的影响不如享乐价值和社会价值强烈。

第二，社群关系维度与社群责任的关系。

通过结构方程模型分析可以发现，社群关系中，关系信任对社群责任有正向影响，而社群压力与社群责任的关系并不显著。

社群压力主要的来源是社群的规章制度和其他成员的反应，如必须参加社群的活动或保持在社群网站上的活跃程度，如果活跃程度较低，则会受到社群组织者或其他活跃分子的批评等。再比如如果自己再次购车或向其他人推荐汽车时，受到其他成员口头或行为上的压力。这些压力的产生，并不是源于品牌社群的大小。因此，即使品牌社群成员在品牌社群中感受到这些压力，他也不会和品牌社群的规模联系起来，也就不会主动地来壮大或缩小品牌社群。

(二)品牌社群融入影响因素对社群精神影响的假设检验与结果讨论

1. 假设验证结果

通过表 4-24 可以直观看到三个问题：

表 4-24 模型路径检验和假设检验结果

		原假设	标准化路径系数	C. R.	P 值	结论
社群精神	←	功能价值	0.112	0.076	0.143＞0.05	不支持
社群精神	←	社群压力	－0.016	0.031	0.621＞0.05	不支持
社群精神	←	关系信任	0.495	0.096	***	支持
社群精神	←	社会价值	0.344	0.132	0.009＜0.05	支持
社群精神	←	享乐价值	0.119	0.077	0.123＞0.05	不支持
社群精神	←	集体谈判价值	0.093	0.064	0.143＞0.05	不支持
社群精神	←	认知价值	0.459	0.101	***	支持

注：*** 表示 P 值小于＜0.001。

第一，共有四个假设没有通过检验。通过对比表 4-24 中各假设的 P 值可以发现，原来假设中提到的功能价值对社群精神的正向影响、社群压力对社群精神的正向影响、享乐价值对社群精神的正向影响及集体谈判价值对社群精神的正向影响在统计意义上不显著,假设不成立。也就是说,功能价值、社群压力、享乐价值及集体谈判价值与社群精神不相关。

第二,原来假设中共有三个假设通过检验。通过对比表 4-24 中各假设 P 值可以发现,社会价值与社群精神之间关系的 P 值小于 0.05,关系信任、认知价值与社群精神之间关系的 P 值小于 0.01。上述三个假设全部通过检验,也就是说,关系信任、社会价值及认知价值与社群精神之间具有相关关系。

第三,对社群精神的影响水平各因子有显著不同。通过对比各因子对社群精神影响的标准化路径系数可以发现,各因子对社群责任的影响水平有差异。其中,关系信任对社群精神的影响程度最大,其次是认知价值,最小的是社会价值。

2.假设验证结果讨论

第一,顾客价值与社群精神的关系。

通过结构方程模型分析可以看出,顾客价值维度中与社群精神有关的维度是社会价值和认知价值。社群精神指的是品牌社群成员对品牌社群的一些传统的认知和赞同,以及对品牌社群关于精神的理解。由于品牌社群是围绕着特定品牌而产生的,品牌社群的社群精神与品牌的内涵息息相关,关于此,在上面文献综述及假设提出中已经有所涉及,在此不再赘述。社群精神是品牌社群发展的命脉,是体现一个品牌社群与其他组织、品牌社群具有区别的重点之一。品牌社群的社群精神与诸多因素有关。通过上述结构方程实证分析,可以发现以下几点:

首先,社会价值和认知价值对品牌社群的社群精神具有正向的影响关系,而功能价值、享乐价值、集体谈判价值则与品牌社群的社群精神没有相关关系。社群精神是品牌社群的命脉,相当于企业内部的企业文化。社群精神是需要品牌社群成员在深刻体会品牌社群后才能够产生。对于任何一个人来讲，其社会地位的提升、荣耀感的产生、感知价值的提升或形象价值的具备都是一个复杂的过程，并不能通过简单地与人接触就能够得到。因此，相对于功能价值、享乐价值及集体谈判价值来讲，社会价值和认知价值更偏向于内心的感受。如果说功能价值、享乐价值及集体谈判价值的获取可以通过参加品牌社群得到（只是得到的多少不同），社会价值和认知价值必须是彻底融入品牌社群后才能够出现。这就如同企业中的企业文化，新员工对企业文化的理解普遍不如老员工到位，三心二意的员工对企业文化的理解普遍不如忠诚员工到位。因此，只有品牌社群成员在得到足够的社会价值及认知价值后，才能够体会到品牌社群的社群精神，体验到品牌社群的内在。

其次，社会价值和认知价值对品牌社群社群精神的影响程度有差别，但并不大。通过对比结构方程模型中认知价值、社会价值与社群精神之间的路径系数后可以发现，认知价值对社群精神的影响程度较大，但差别不是特别明显。究其原因，可能是大多数的被访问者在品牌社群中感受更多的是重新认识自己、感觉到自己专业水平的提升及形象上的提升，这些感受并不一定需要品牌社群成员通过积极组织活动、领导品牌社群发展等来得到。毕竟成为社群的组织者是需要投入足够的时间、精力的，并不是所有的品牌社群成员都能够做到。相反，感受到自己社会地位的提升、荣耀感的提升是需要品牌社群成员为品牌社群承担更多的风险才能够得到的，这种感觉对于很多成员来讲不会特别强烈。

第二，社群关系与社群精神的关系。

通过结构方程模型分析可以发现，社群关系中关系信任对社群精神有正向影响，而社群压力与社群精神的关系并不显著。

如上所述，社群压力主要的来源是品牌社群的规章制度和其他成员的反应，如必须参加社群的活动或保持在社群网站上的活跃程度等。通过结构方程模型分析可以发现，即使品牌社群成员在品牌社群内感受到了规章制度的约束，他也不会对他感受到的品牌社群的社群精神产生怀疑。这与企业文化又具有类似之处，企业管理制度的松紧对员工理解企业文化是没有影响的。此外，通过结构方程模型分析可以发现，关系信任对社群精神具有显著影响，这就说明只有品牌社群成员在品牌社群中得到了足够的安全感，感受到周围的成员对他充满着信任，才能够使他真正理解品牌社群的内在。相反，即使成员由于功能价值、社会价值等顾客价值的存在而加入了品牌社群，但当他总是对周围的成员具有不信任的感觉时，他会对他所看到的一切感到怀疑，即使他体会到了品牌社群的内在精神，他也会认为这是“虚假”的。

（三）品牌社群融入影响因素对同类意识影响的假设检验与结果讨论

1. 假设检验结果

同样，通过表 4-25 可以直观看到三个问题：

表 4-25　模型路径检验和假设检验结果

		原假设	标准化路径系数	C. R.	P 值	结论
同类意识	←	功能价值	0.022	0.055	0.692＞0.05	不支持
同类意识	←	社群压力	－0.059	0.023	0.011＜0.05	支持
同类意识	←	关系信任	0.715	0.097	***	支持
同类意识	←	社会价值	0.202	0.094	0.032＜0.05	支持
同类意识	←	享乐价值	0.161	0.057	0.005＜0.05	支持
同类意识	←	集体谈判价值	0.095	0.047	0.041＜0.05	支持
同类意识	←	认知价值	0.282	0.072	***	支持

注：*** 表示 P 值小于 0.001。

第一，只有一个假设没有通过检验。通过对比表 4-25 中各假设的 P 值可以发现，原来假设中提到的功能价值与同类意识有关系在统计意义上不显著，假设不成立。也就是说，功能价值与同类意识没有相关关系。

第二，原来假设中共有六个假设通过检验。通过对比表4-25中各假设P值可以发现，社群压力、社会价值、享乐价值、集体谈判价值与同类意识之间关系的P值小于0.05，关系信任、认知价值与同类意识之间关系的P值小于0.001。上述六个假设全部通过检验，也就是说，关系信任、社群压力、享乐价值、集体谈判价值、社会价值及认知价值与同类意识之间具有相关关系。

第三，对同类意识的影响水平各因子有显著不同。通过对比各因子对同类意识影响的标准化路径系数可以发现，各因子对同类意识的影响水平有一定差异。其中，关系信任对同类意识的影响程度最大，其次是社会价值和认知价值，集体谈判价值和社群压力对同类意识有负面影响。

2.假设验证结果讨论

第一，顾客价值与同类意识的关系。

同类意识指的是品牌社群成员感受到与其他人是一类人，以及品牌社群成员对品牌社群形成的归属感。通过结构方程模型分析可以看出，顾客价值维度中与同类意识有关的维度包括社会价值、享乐价值、集体谈判价值及认知价值。而功能价值与同类意识没有明显相关关系。并且通过上述结构方程实证分析，可以发现以下几点：

首先，同类意识是任何一个紧密联系的社会群体内部成员之间的普遍现象，由于品牌具有自己的个性，品牌社群内部更是缺少不了成员之间的同类意识感觉。这种同类意识，与品牌社群内部可以提供给其成员的信息量等没有关系。试想一下，对于尼桑帕拉丁及丰田陆地巡洋舰这样两个品牌的汽车，它们的社群中所提供的功能价值应该是类似的，大概都会包括车辆的保养、越野技巧、越野路书、越野经验等，也就是说，其中的功能价值是一样的。但很显然，这两个品牌社群内的成员之间的同类意识是不相同的，陆地巡洋舰作为联合国的标准野外用车，是一种豪华的SUV，其成员在品牌社群内所获得的社会价值、享乐价值、认知价值集体及集体谈判价值与其他品牌社群成员会有显著差异，而尼桑帕拉丁作为一款出自皮卡底盘的越野车，更强调的是卓越的越野性能和便宜的购置保养价格，这一品牌的品牌社群所能提供给其成员的社会价值、享乐价值及认知价值、集体谈判价值会与丰田陆地巡洋舰有着明显的不同。

其次，社会价值和认知价值对品牌社群同类意识的影响程度较大，享乐价值与集体谈判价值对同类意识的影响程度较小。这同样可以通过上述丰田陆地巡洋舰及尼桑帕拉丁的例子看出，由于丰田陆地巡洋舰在品牌知名度、口碑、形象、性能上具有尼桑帕拉丁所不具有的明显优势，依托这一品牌所建立的品牌社群会为其成员带来不一样的社会价值和认知价值，从而也就使其成员产生了不一样的同类意识，并且这种社会价值和认知价值对同类意识的影响程度还较大。

第二，社群关系与顾客价值的关系。

通过结构方程模型分析还可以发现，关系信任与社群压力与同类意识之间都有显著相关性，只是关系信任对品牌社群的同类意识具有正向影响，而社群压力对其则有负向影响。

如上所述，社群压力主要的来源是社群的规章制度和其他成员的反应。很显然，如果来自于其他成员的压力太大，则会造成品牌社群成员一定程度上的反感。随着这种反感程度的加深，品牌社群的成员就会感到与其他成员越来越疏远，更谈不上一类人了。但关系信任的影响则不同，在任何一个具有高度信任的群体中，人们会感觉到自己和其他人的关系是非常亲密的，也就会慢慢产生同类意识。

（四）品牌社群融入影响因素的横向比较

由于本部分实证分析中并未使用标准化后的数据，因此可以进行各影响因素对品牌社群融入影响的横向比较，结果见表 4-26。

表 4-26　品牌社群融入影响因素的横向比较

		原假设	标准化路径系数	C. R.	P 值	结论
功能价值	→	社群精神	0.112	0.076	0.143>0.05	不支持
功能价值	→	同类意识	0.022	0.055	0.692	不支持
功能价值	→	社群责任	0.137	0.062	0.026<0.05	支持
社会价值	→	社群责任	0.303	0.107	0.005<0.05	支持
社会价值	→	社群精神	0.344	0.132	0.009<0.01	支持
社会价值	→	同类意识	0.202	0.094	0.032	支持
享乐价值	→	社群责任	0.337	0.069	***	支持
享乐价值	→	社群精神	0.119	0.077	0.123>0.05	不支持
享乐价值	→	同类意识	0.161	0.057	0.005	支持
认知价值	→	社群责任	0.110	0.073	0.135>0.05	不支持
认知价值	→	社群精神	0.459	0.101	*** <0.01	支持
认知价值	→	同类意识	0.282	0.072	***	支持
集体谈判价值	→	社群责任	0.253	0.055	***	支持
集体谈判价值	→	社群精神	0.093	0.064	0.143>0.05	不支持
集体谈判价值	→	同类意识	0.095	0.047	0.041	支持
社群压力	→	社群责任	0.014	0.025	0.577>0.05	不支持
社群压力	→	社群精神	−0.016	0.031	0.621>0.05	不支持
社群压力	→	同类意识	−0.059	0.023	0.011	支持
关系信任	→	社群责任	0.429	0.081	***	支持
关系信任	→	社群精神	0.495	0.096	*** <0.01	支持
关系信任	→	同类意识	0.715	0.097	***	支持

注：*** 表示 P 值小于 0.01。

1. 功能价值对品牌社群融入的影响不大

功能价值在品牌社群的发展中具有独特的作用，往往也是吸引成员加入品牌社群的最有力武器。但通过本书的实证研究表明,功能价值虽然对品牌社群融入具有影响,但影响程度不大(只是对社群责任具有正向影响,并且影响系数只有0.137,在所有影响社群责任的因素中位居倒数第二),并且对同类意识和社群精神更是没有影响。就这一点来讲,本书所得结论与人们的主观感受及以往的个别研究有所不同。究其原因,笔者认为,功能价值只是在加入品牌社群上具有明显的作用,但在进一步促使成员融入品牌社群上则效果不明显。很显然,人们在加入品牌社群的初始时期可能更看重能给他们在使用产品、维护产品上提供了多少信息,这只是他们的初衷。但如果品牌社群仅仅停留在提供信息等功能价值上,已经加入品牌社群的成员会慢慢感到乏味,从而并不能真正融入品牌社群。

2.关系信任对品牌社群融入具有显著的正向影响

对比关系信任与社群责任的标准化路径系数(0.429)和社群精神的标准化路径系数(0.495)及与同类意识之间的标准化路径系数(0.715)可以发现,在品牌社群融入表现的三个衡量维度影响因素中,关系信任都能够产生强烈的正向影响,并且还要远远高于其他维度的影响。这就说明,如果要使品牌社群成员真正融入品牌社群,必须在品牌社群内营造一种"真实"的氛围,否则成员会感到品牌社群的影响因素有的内容都是"虚假"的,会离开品牌社群或仅仅从品牌社群中获取自己想要的,并不能真正融入其中。

3.社会价值与认知价值的影响要高于享乐价值和集体谈判价值

通过本书实证研究发现,社会价值和认知价值分别对品牌社群融入表现中的两个维度能够产生影响,并且其中的影响系数都较大。而享乐价值和集体谈判价值分别只对融入表现中的一个维度产生影响,并且影响程度较低。这就表明,品牌社群作为一个社会组织,更应该发挥其社会功能,才能够更多地吸引成员融入,才能够使得自身得到更快的发展。

4.社群压力对品牌社群的融入产生负向影响

通过以上分析可以发现，社群压力与品牌社群融入表现中的社群责任和社群精神之间没有显著关系，但对同类意识能够产生显著的负向影响。通过图4-2的问题项 A_{21}，A_{22}，A_{23}，A_{24} 对社群压力的影响系数可以发现，问题项 A_{23}，A_{24} 对社群压力的影响要高于问题项 A_{21}，A_{22}，也就是说，品牌社群的压力主要来自于其他成员口头或行为上的影响。如果在品牌社群内形成一种包容的气氛，如在丰田陆地巡洋舰的社群中，允许其成员对这款车提出批评意见，允许其成员对吉普大切诺基等竞争车型提出表扬，这种包容的气氛是能够提升品牌社群成员融入感的。

第五章　品牌社群融入对品牌忠诚的影响机制

品牌社群形成的方式主要包括两种。一是由对某一品牌感兴趣的人自行组织。这些人对某一品牌产生兴趣，经常(在网上)聚在一起，讨论这一品牌的产品，对生活、工作等方面的事情也积极讨论。这种组织发展得越来越大，并且其中的活动也越来越频繁，也可能有了自己组织的名称、标识等，最终品牌社群得以正式建立起来。二是由厂商推动形成的品牌社群。这种类型的品牌社群是由厂商推动建立的，厂商在意识到品牌社群对产品销售、产品改进等方面的好处后，开始积极组织对自己品牌感兴趣的人，一方面保持他们对品牌的热情，另一方面积极引导他们将这种热情向其他非品牌社群成员转移。通常情况下，自发形成的品牌社群如果形成一定的规模后，厂商会对其进行有效的支持。支持的原因就在于厂商已经意识到品牌社群对于消费者品牌忠诚感的形成具有积极的作用。但就像上一章所研究的，品牌社群并不能对所有已经参加品牌社群的成员产生作用。品牌社群能够对品牌社群成员产生积极影响的前提是成员融入品牌社群。因此，上面的主要研究内容就是考察影响消费者融入品牌社群的因素有哪些，消费者融入品牌社群的表现有哪些，以及影响消费者融入品牌社群的因素对消费者品牌社群融入的影响机制如何。

消费者融入品牌社群不是最终结果，能够提升品牌忠诚才是厂商最期望看到的。就像上面所述，即使是自发形成的品牌社群，在具有了一定规模后，也会得到厂商的有效支持。其原因就在于厂商都意识到品牌社群对于品牌社群成员的品牌忠诚感能够产生积极的影响。因此，在本章中，即研究品牌社群融入对品牌社群成员的品牌忠诚感能够产生何种影响。

由于在第三章中已经对消费者融入品牌社群后的表现有了一定的研究。因此，在本章中，主要对以下两个问题进行研究：第一，受品牌社群影响的消费者的品牌忠诚有哪些表现，也就是说衡量品牌社群中消费者品牌忠诚的维度有哪些；第二，消费者品牌社群融入对消费者品牌忠诚的影响机制研究。

对于第一个问题，主要解决方式首先是根据第二章中对消费者品牌忠诚的文献梳理，结合对品牌社群成员的访谈，对品牌社群影响下的品牌忠诚的维度进行研究。对于第二个问题，考虑到上述影响因素在对品牌社群表现产生作用的过程中，可能还会受到个别因素的调节作用。因此，对于第二个问题，会加入对调节变量的研究。

第一节　品牌社群融入对品牌忠诚影响的理论分析

结合第二章的文献综述和理论分析，下面我们对品牌社群影响下的消费者品牌忠诚的具体维度进行研究，据此提出品牌社群融入对品牌忠诚影响的一般概念模型。

一、与品牌社群有关的品牌忠诚

品牌忠诚一直是市场营销领域研究的热点内容。从实践角度来讲，消费者产生品牌忠诚也是厂商所追求的目标。关于品牌忠诚的驱动因素，不同学者进行了相当多的研究。严浩仁（2005）对顾客忠诚的驱动因素进行了总结。在他的总结中，将品牌忠诚的第一种驱动因素归结为顾客满意，他在总结了包括 Oliver(1980)和 Rust & Zahorik(1993)，以及 Bolton & Drew(1991)等学者的研究后发现，这些学者所形成的基本共识是顾客满意能够促进顾客忠诚的形成与维持，是顾客忠诚的一个主要驱动因素；第二种驱动因素是关系信任。严浩仁(2005)在分析了 Schlenker, Helm & Tedeschi(1973)和 Moorman ,Zaltman & Deshpande(1992)，以及 Doney & Cannon(1997)的研究后发现，由于顾客的未来收益取决于企业的产品或服务质量，顾客别无其他选择，只有选择信任企业。而如果顾客没有建立起对企业的合理程度信任，关系将很难长久持续；第三个驱动因素是转换成本。严浩仁在分析了 Sharma & Lambert(1994)等的研究后提出，顾客在转换服务提供者时可能产生不同的行为障碍和心理成本，这些障碍有助于减弱顾客转换成本意向，驱动顾客在行为层面上的忠诚。而对于品牌忠诚的分类，在严浩仁的总结中，上述顾客忠诚的驱动因素最终导致顾客忠诚可以表现为态度忠诚及行为忠诚。并且其将顾客的行为忠诚界定为一种强调客观情境状态的关系维持。

但是，通过对比包括严浩仁(2005)等在内的以往绝大多数的研究都可以发现，将顾客忠诚的导致因素归结为顾客自身通过使用产品或感受产品以后对待品牌的态度或受到厂商的影响后对待品牌的态度上，所研究的忠诚类型也就自然而然成为上述几种，这也在一定程度上导致以往的顾客关系管理研究重点放在了研究顾客与厂商关系上。品牌社群从另外一个角度对顾客的品牌忠诚进行了研究，在品牌社群研究中注意到，消费者之间的关系也能够显著影响到消费者对某一品牌的忠诚感，这种消费者之间关系的集合之一就是品牌社群。考虑到消费者之间关系对品牌忠诚的影响，消费者对品牌的忠诚表现就会与以往的研究有所不同。

在本书中，考虑到品牌社群对其成员品牌忠诚的影响，品牌社群成员对品牌的忠诚主要体现在行为忠诚、意向忠诚及反向品牌忠诚,并且这些忠诚的表现与非品牌社群影响下的品牌忠诚表现有一定的区别。

(一)行为忠诚

顾客的行为忠诚是从顾客所处具体消费情境视角来看待顾客与企业之间的关系维持,这些情境要素包括替代者的选择可行性、顾客的产品经验、服务消费与顾客的利益相关性及顾客不可控制的退出障碍等。(严浩仁,2005)行为忠诚的测量方法是将一贯的、重复的购买行为作为顾客忠诚的指标,主要通过重复购买行为、品牌转换行为等统计指标予以量化。但在品牌社群情况下,并不能单纯以重复购买行为等指标进行量化。由于品牌社群是一个社会群体,在这个社会群体影响下的成员本身就会体现出强烈的社会关系,各个成员之间相互联系、相互影响,品牌社群内成员的品牌忠诚感除了体现为自身的首要选择、重复购买、积极关注等行为以外,还可以体现为向其他顾客的积极推荐,从而影响到其他成员的购买行为等,这也是品牌社群影响下的品牌忠诚。

(二)意向忠诚

显而易见,从字面上就可以发现,意向忠诚是一种从心理视角来看待某一个体与企业之间的关系维持,在这一点上与行为忠诚有着明显的区别,它没有显现出具体的个体行为。意向忠诚也包括顾客对服务质量的满意度、品牌承诺、人际信任和心理认同等因素,是指顾客对企业产品或服务持有偏爱的态度、许诺要重复购买(严浩仁,2005),也包括向他人推荐企业的产品或服务的意愿。当顾客的态度忠诚在顾客关系管理中起作用的时候,顾客就会对企业及其产品或服务产生一种积极的情感。同行为忠诚一样,意向忠诚在品牌社群影响下也会出现一定的不同。如上所述,品牌社群是一个相对紧密的社会组织,某一成员的品牌意向忠诚一方面代表着自己许诺要重复购买的意愿，另一方面，也代表着这一成员向品牌社群内其他成员推荐企业的产品或服务的意愿。并且在一定程度上来讲，由于品牌社群所具有的这种紧密性，其成员的忠诚意愿更多体现在推荐产品或服务的意愿上。

(三)反向品牌忠诚

品牌忠诚指的是消费者对某一品牌的依赖和风险。(Aaker，1991)通常是通过对品牌营销或购买行为(Dyson，Faar & Hollis，1996)进行调查后得来，品牌忠诚代表的含义是非常多的(Fournier，1998；McAlexander & Schouten，1998)。事实上，消费者可能会在不同的情境下表现出不同的意向和行为模式。

但就如文献综述中所述，随着品牌内涵的愈加丰富及人们个性的多样化，由通过反对与他们竞争的品牌来体现的反向品牌忠诚逐渐进入人们的研究视野，并且在品牌社群研究中更加不可回避。反向品牌忠诚是通过放弃、避免消费或排斥某一品牌来表现的。消费者也可能通过表现出反向品牌忠诚来表明他们的某种生活态度。既然某种品牌的消费代表着他们的价值观，他们就会通过反向品牌忠诚来表现他们的生活质量。具体形式就是反对不能代表他们生活状态的品牌。

二、品牌社群融入对品牌忠诚影响的假设提出

如前所述，以往的品牌忠诚研究都没有考虑到消费者之间的影响。在本书中，研究的主要内容在于品牌社群如何对成员的品牌忠诚产生影响。在上一章中，通过探索性及验证性因子分析得出品牌社群融入的测量主要通过同类意识、社群精神及社群责任等来测量。

(一)同类意识对行为忠诚和意向忠诚的影响

通过以下两个方面,同类意识能够推动品牌社群成员的品牌行为忠诚和意向忠诚:

第一,同类意识能够直接增强品牌社群成员的品牌忠诚。同类意识是品牌社群成员融入品牌社群后才具有的。当成员在品牌社群中具有了同类意识以后,他们会在品牌社群内分享社群的价值及目标。(Sanders,1994)由于品牌社群的所有活动都是围绕着品牌来进行的,如很明显,在吉普品牌社群或悍马汽车这样的越野汽车品牌社群中,品牌社群的很多活动就会围绕着这些汽车卓越的野外性能来进行,而诸如大众 Polo、标致 307 这样的汽车,品牌社群的很多活动就围绕着精致生活、年轻活力等来进行同类意识的宣传,推动消费者更多地参加品牌社群活动,也就会推动品牌社群内的成员更多地理解汽车品牌所代表的内涵,从而推动品牌社群内成员产生更强烈的品牌忠诚。McAlexander, Schouten & Koenig(2002)在参考了 Duffy(1999)等人的研究后,针对克莱斯勒品牌汽车进行了实证研究后发现,克莱斯勒品牌汽车的品牌社群通过对其成员灌输品牌的内涵从而显著提升了品牌社群成员的重复购买概率。

第二,同类意识能够对品牌社群内成员产生约束力。由于品牌社群是对某一品牌感兴趣的人组织的具有约束力的组织,因此品牌社群对其成员的购买行为具有一定的约束力。如果品牌社群内的某一成员选择了购买其他品牌,他将会受到社群内其他成员口头或行为的压力,从而使他形成在行为上对该品牌的忠诚。虽然这种忠诚有些类似于 Dick & Basu(1994)所提到的虚假忠诚,但如果要使得这一成员改变现有的选择,除了要克服自身心理、行为及环境等方面所存在的约束外,更主要的是要和他将会受到的品牌社群内其他成员在行为和口头上的约束相对比。如果他为更换品牌带来的收益能够超过社群内其他成员给予的口头或行为上的约束所带来的损失，那么他将更换这一品牌。正如McAlexander, Koenig & Schouten(2004)也提到，参加品牌社群后对成员更换使用或推荐品牌产生了一定的阻碍，如这些习惯变更可能会导致他失去以往的一些个人关系。根据以上两个原因，本书提出了同类意识能够对品牌社群内成员的行为忠诚及意向忠诚都产生影响。

据此，本书提出如下两个假设：

H8a：同类意识对社群内成员的行为忠诚产生积极的影响；

H8b：同类意识对社群内成员的意向忠诚产生积极的影响。

(二)社群精神对品牌行为忠诚和意向忠诚的影响

社群精神体现了品牌社群成员在消费某一品牌的过程中的精神分享。(Muniz & O'Guinn,2001)品牌社群的社群精神对其成员品牌行为忠诚和品牌意向忠诚的影响主要通过两方面体现：

第一，品牌社群的社群精神直接对品牌社群成员产生影响。品牌社群的社群精神与品牌的内涵是紧密相连的，品牌社群成员对社群精神的理解能够促进他们对品牌内涵的理解，这其中包括品牌社群内部对品牌历史的阐述，包括了其他成员通过消费产品后对产品消费经验的阐述。这些品牌社群的社群精神会对成员产生潜移默化的影响，使得成员对品牌的内涵有了更多的了解。例如，McAlexander, Schouten & Koenig(2002)提到，在其研究的Jeep Wrangler(吉普牧马人)品牌社群中，通过社群组织的跨越艰难路段等活动使得品牌社群的成员对吉普牧马人的产品内涵有了更多的了解，并且这些活动也已经慢慢成为吉普牧马人社群的传统。这些丰富的品牌知识在一定程度上会使得成员“锁定”在这一品牌的使用上，这种“锁定”，可能是源于习惯，也可能是源于成本。在笔者对杭州19楼“狮享天堂”东风标致307品牌社群成员及杭州“伊路凯歌”伊兰特凯越车友会的访谈过程中也发现这种现象，“狮享天堂”举办的活动多是户外活动，伊路凯歌车友会举办的活动也多以家庭为单位参加的非越野性质的自驾游为主，这些活动已经慢慢成为车友会的传统，同时，车友会成员通过参加这些活动，对这三款汽车有了进一步的了解，充分体现了这三款家庭用轿车精致生活的理念，也使社群成员慢慢地对这三款汽车有了感情，产生了更强烈的品牌忠诚。

第二，品牌社群的社群精神对品牌社群成员的成本转换压力。品牌社群的社群精神对社群成员的压力不同于社群责任中通过社群内其他成员行为或口头上的压力而产生，社群精神带来的社群压力主要来源于成本转换。参加品牌社群的成员，特别是融入品牌社群的成员都会花费一定的时间来了解品牌社群本身的传统，并且受其他成员的感染，同时也会投入更多的精力来了解品牌本身的内涵。这些精力会使得品牌社群成员对品牌有一定的评估。Cialdini(1993)经过研究后提出，花费较多时间和精力来深入了解某一事物的人会比那些花费较少时间和精力的人对这一事物有更高的评价，从而也就会产生更高的品牌行为忠诚及意向忠诚。

基于此，本书提出如下两个假设：

H9a：社群精神对社群内成员的行为忠诚产生积极的影响；

H9b：社群精神对社群内成员的意向忠诚产生积极的影响。

(三)社群责任对品牌行为忠诚和意向忠诚的影响

社群责任体现了品牌社群成员对于品牌社群整体及其单个成员的一种责任或权利。(Muniz & O'Guinn，2001)社群责任对品牌行为忠诚及意向忠诚都能够产生积极的影响。社群责任对品牌忠诚的影响也可以通过两方面的影响来进行：

第一，社群责任对品牌社群成员品牌忠诚的直接影响。社群责任是品牌社群成员对其他成员或社群整体的责任或权利，这种责任主要体现的方式是帮助新成员、自觉维护品牌社群的荣誉。

显而易见，在某一品牌内帮助其他成员来使用、维护产品是品牌社群成员的责任。在帮助其他成员及维护品牌社群的过程中，成员会得到更多的荣耀感，这种荣耀感会使其加深对品牌的好感，从而推动成员表现出更多的品牌忠诚。另一方面，具有了社群责任后，品牌社群的成员会自觉、刻意地来帮助其他成员，这也迫使成员对品牌有更多的了解，对品牌产品的使用、维修等有更多的关注。这就又产生上述的影响结果，也就是像 Cialdini(1993)提出的，花费较多时间和精力来深入了解某一事物的人会比那些花费较少时间和精力的人对这一事物有更高的评价，从而也就会产生更高的品牌行为忠诚及意向忠诚。

第二，社群责任产生的压力对品牌社群成员品牌忠诚的间接影响。融入品牌社群的成员在向其他成员进行产品使用时间介绍、维修知识介绍时，会受到其他成员更多的目光关注，这种关注会不自觉地对品牌社群成员产生压力。如果成员在此购买产品或推荐产品时选择了其他品牌，虽然可能不会受到社群成员直接口头上或行为上的压力，但心理上的影响是显而易见的。例如，在对杭州“伊路凯歌”车友会成员进行访谈时发现，那些社群内的积极参加者提到，如果他们在向其他人推荐汽车品牌时没有选择伊兰特或者是凯越，他可能就会收到类似的信息：他还向我们介绍伊兰特的使用小常识呢，结果他都对伊兰特不自信。这种信息来源于品牌社群内成员之间的相互谈论，可能并没有直接向融入品牌社群的人传达，但已经对他产生了压力。这种压力就对成员在再次选择汽车品牌或向其他成员推荐时产生影响。

据此，本书提出了如下两个假设：

H10a：社群责任对社群内成员的行为忠诚产生积极的影响；

H10b：社群责任对社区内成员的意向忠诚产生积极的影响。

(四)品牌社群对反向品牌忠诚的影响

尽管很多关于品牌及品牌社群的文献已经对反向品牌忠诚进行了较多的阐述,但对于反向品牌忠诚是如何产生的,至今还没有较详细的阐述。消费者的品牌忠诚仅仅是来自于他们与品牌之间的关系吗?如果脱离品牌社群,他们还能够对品牌形成反向品牌忠诚吗?或者说是不是因为消费者参加了品牌社群才促成了他们产生反向品牌忠诚?

现有的文献中都表明融入品牌社群能够在一定程度上提升其成员的反向品牌忠诚。Muniz & O'Guinn(2001)提到反向品牌忠诚是一种社会现象,可能来源于同类意识,具体包括分享社群内其他成员对某一些支持品牌或竞争品牌的信念。当然,同类意识在成员融入品牌社群之前是不会出现的,只有加入品牌社群的成员在融入品牌社群后才会产生这种感受。McAlexander, Schouten & Koenig(2002)通过研究佐证了 Muniz & O'Guinn 的研究结论,也就是说,同类意识是融入品牌社群后才会出现的结果。通过参加品牌社群,消费者同那些与他们有着类似产品消费经验的人进行沟通,进而加深了他们对某一品牌的感觉。

反向品牌忠诚可以被解释为是"某一顾客表现出来的对竞争品牌的态度,这种态度会造成品牌社群一定经验的行为,并且也会导致品牌特定含义的形成"。当品牌社群的成员表现出反向品牌忠诚时,他们会积极地反对那些有竞争性的品牌。这种情况不同于那些单纯品牌忠诚的消费者,单纯品牌忠诚的消费者是不怎么反对那些竞争性品牌的。

消费者为什么会不只是对自己喜欢的品牌有所拥护,还会反对竞争性品牌,这一点还是比较好解释的。通常情况下,消费者选择某一品牌的原因可能是代表着他们对某一种生活方式的赞同或反对(Hogg & Savolainen,1997)。随着消费者对于某一品牌好感的提升，其他品牌慢慢偏离他的生活习惯的现象不可避免地就会出现。既然很多品牌是由于能够代表他们的个人态度及生活环境的(Englis & Solomon，1996)，消费者清楚地表明他们为什么不消费那种产品就显得与表明他们为什么消费这种产品同等重要了。同时也存在一些商品能够符合消费者的生活态度并且另外一些产品与消费者的生活态度则是相反的现象。也就是说，在与生活态度的吻合上，适合口味与不适合口味是共存的。Blanchard & Lynne(2002)就提出，吻合应该是先出现的，并且随后就出现了不吻合，厌恶可能就来源于其他产品的品位，这种品位可能与生活态度是不相吻合的。

事实上，口味上的不吻合比吻合可能更能体现出强大的社会力量(Englis & Solomon，1997)。社会学对邻居的研究中也显示出这一点。邻居可能在某些时刻对他的其他邻居表现出反感的想法，这种反感可能就是由于他们兴趣不相投才导致的，一些人很轻易地就能够发现与其他人不一样的地方。由于对别人产生反感是人的普遍情感反映，因此这种态度是能够很容易地表达出来的。

品牌社群能够提升其成员的社会感。Lerner & Jean(2000)就指出，一些诸如通过成功举办某次活动来提升成员声誉的举动都是成员融入品牌社群的动力之一。Korgaonkar & Wolin(1999)也同样指出了这一问题，只不过他指出的是在社群中贡献出自己的知识是他们融入品牌社群的重要因素。Chesney(2004)也提到那些将吉他曲谱张贴到品牌社群中的成员确实获得了声誉及社会地位的提高。他提到，分享知识是能够提升成员的声誉的，并且其中的成员也乐于分享这种知识。

据此，本书提出了如下假设：

H11a：社群精神对反向品牌忠诚有正向影响。

同类意识是能够促使品牌社群成员产生反向品牌忠诚的。同类意识是与品牌社群内成员能够产生聚集在一起的感觉，而与非品牌社群内成员产生不了聚集在一起的感觉的一种状态。Muniz & O'Guinn(2001)提到反向品牌忠诚是在经历了持续的同类意识以后能够产生的一种社会状态。同时可以与品牌社群内的其他成员分享对竞争品牌的感受并且共同进行反对。Decker(2004)同时也提出品牌社群成员中的同类意识能够明显提高其成员的反向品牌忠诚。

据此,本书提出如下假设:

H11b:同类意识对反向品牌忠诚有正向影响。

Muniz & O'Guinn(2001)的研究表明,品牌社群成员社群责任主要表现在两个方面:一是吸纳并且保留住品牌社群内的成员;二是帮助品牌社群内成员正确使用产品。要取得这些成果,一方面,需要积极向现有成员推荐品牌。另一方面,如果能够阻止品牌社群内的成员不使用相应的竞争性品牌也是正确之举。因此,反对相应的竞争性品牌也就成为融入品牌社群的成员所能表现出来的一种忠诚。

据此,本书提出如下假设:

H11c:社群责任对反向品牌忠诚有正向影响。

有充足的文献表明,在品牌社群中的活跃分子是一些有规律地参加品牌社群的成员。这些成员很乐于帮助品牌社群里的其他人,向他们推介品牌的好处并且回答他们的提问。特别是在虚拟品牌社群中,还会建立一些版面来专门回答问题。Muniz & O'Guinn(2001)在文献中表明,在苹果公司的品牌社群中,个人及俱乐部创建的很多网页中都包括了很多关于苹果电脑历史的信息。由于品牌社群中的成员融入品牌社群的程度不同及对产品的了解程度不同,那些对产品越是了解的消费者越是能够积极参与到品牌社群的相关讨论中,并且积极地通过帮助其他人等行为来影响他人。(Muniz & O'Guinn,2001)

应该说,是品牌社群吸纳并且保留住成员的社群责任,使得品牌社群内的成员尽力地向其他成员推荐其产品。并且，对于品牌社群内的很多成员来讲，对品牌社群做出应有的贡献、保持品牌社群的繁荣也是他们的义务。事实上，这些推荐行为被认为是品牌社群成员的重要责任。(Muniz & O'Guinn,2001)履行这种责任的很重要的一种方式就是向其他人推荐这一品牌。而且，Gatignon & Robertson(1986)指出，那些拥有强烈责任感的成员更希望能够从自己嘴里说出关于品牌的信息及建议。McAlexander, Schouten & Koenig(2002)也同样指出，品牌社群里的那些布道者(missionary)更能够促进品牌社群的发展。他们还进一步指出，融入品牌社群能够进一步促进这种社群责任，从而更进一步推进了品牌推荐行为的产生。

第二节 品牌社群融入对品牌忠诚影响的调节因素

一、产品使用时间

顾客对一个产品的认知是一个复杂的概念，顾客本身的知识储备及顾客对产品的接触都会影响到对产品的认知。顾客的产品认知可以解释为顾客的产品经验、顾客对产品的熟悉程度和顾客的专业知识。其中，产品经验是指顾客对产品或服务质量的先验知识和信息，是一种可以通过消费者接触产品时间等变量进行测量的因素；顾客对产品的熟悉程度对顾客消费决策的影响较大，它是指顾客自我评估对产品知识了解的程度；而专业知识是指顾客实际拥有的知识信息，是指储存在顾客记忆中产品信息的多寡及形式。考虑到实证测量的科学性和方便性，可以将产品经验从产品认知中提取出来，单独作为一种情境变量进行研究。(严浩仁，2005)产品经验主要表现为两种形式：一种积累来源于其他人的努力，是大量的其他消费者对产品的消费和购买后形成的知识积累，这种知识积累通过消费者之间的交流予以普及，使每个消费者获得并储存了有益的信息；另一种积累是源于消费者自身的努力，是一种消费者通过自身的购买和消费的知识积累。这其中，第一种产品经验表示的是顾客认为一组相似属性的产品品牌通常应该具有的质量水平，在以往学术中通常被称为产品标准体验。（Mazursky & Geva，1989）而第二种产品经验受到消费者的品牌深度（各种品牌的使用次数或消费时间）和品牌广度（具有消费经验的相同属性产品品牌的数量）的影响。在品牌社群成员对品牌社群地融入过程中，消费者的产品经验具有一定的调节作用，它会直接影响到获得价值及受社群关系影响下的消费者是否能够融入品牌社群。McAlexander，Kim & Roberts（2003）在把品牌社群融入（BCI）、关系倾向（relationship orientation）、满意（satisfaction）及消费者体验进行了概念化后，通过实证分析验证了品牌社群中消费者体验在成员品牌社群融入形成过程中的调节作用。基于此，本书提出顾客体验产品的时间在品牌社群融入对品牌忠诚的影响中具有一定的调节作用。

二、产品价格

产品价格能够对品牌社群融入的影响产生调节作用的原因可能有两个：第一，产品价格的不同带来了品牌内涵的不同。经过上百年的发展，大多数的汽车品牌都逐渐具有了自身的内涵，但在我国，汽车品牌内涵的表现还不突出，特别是对于小型车而言，由于价格的低廉，汽车厂商的精力大多放在了产品的销售上，对品牌的内涵考虑不多。这就造成我国汽车市场上的小型车品牌内涵不丰富、不延续。这应该会对以品牌特性为纽带的品牌社群产生不同影响。第二，不同档次产品的品牌忠诚本身不同。我国汽车产业发展时间不长，大多数汽车品牌特别是小型车汽车品牌仍处于一种同质化竞争状态，使得消费者本身就缺乏品牌忠诚。但对于某些高档汽车来讲，由于厂商的着力宣传，所拥有的品牌忠诚度较高。因此，在本书中提出，产品价格在品牌社群融入对品牌忠诚的影响中具有一定的调节作用。

第三节　测量工具的产生及小样本检验

一、前测问卷的产生

对于品牌社群影响下的品牌忠诚的衡量，笔者同样采用问卷形式进行。同样是在结合国外对品牌忠诚的量表开发基础上，通过与车友会成员的访谈，结合专家学者们的意见，笔者总结出了我国汽车行业中品牌社群影响下的品牌忠诚衡量量表，具体如表 5-1 所示。

表 5-1　品牌忠诚表现测量的初始量表

编号	相关测量条款
C_1	我经常关注车友会所拥有的汽车的品牌
C_2	我周围有车的朋友中，购买与我参加的车友会所代表品牌相同品牌汽车的人较多一些
C_3	由于我已经对我所拥有的汽车有了一定的认识，这会促使我再次选择该品牌的产品
C_4	如果有机会更换其他品牌的汽车，我要经过更加认真的思考
C_5	如果再次购买，我会首选我现在所拥有的汽车品牌的产品，这不需要任何理由
C_6	我愿意向其他人推荐该品牌的汽车
C_7	我经常会在别人面前夸奖该品牌的汽车
C_8	我对于车友会所拥有的汽车品牌的相竞争品牌没有太多的好感
C_9	我更不能容忍与我自己拥有的汽车品牌相竞争的品牌汽车所出现的质量、售后服务等方面的问题

二、前测问卷的量表变量净化

在问卷初稿提出后，笔者通过与第三章同样方式的预检验进行了初步的修正，具体过程同第三章，在此不再赘述。

接下来，同第三章所使用方法一样，本章在此也进行了一次小样本分析。具体分析结果见下述分析。

(一)行为忠诚量表的变量净化

同第三章所使用方法的一样，本章变量净化同样使用了 CITC 法和 Crobach α 系数法进行“垃圾变量”的净化和删除。从表 5-2 中可以看出，与行为忠诚相关的第 7 项测量条款的 CITC 值小于 0.5，删除这个条款后，剩余条款的总体信度 α 系数由原来的 0.721 提高到 0.773，从而满足了删除标准，可以进行删除。删除条款 C_7 后，行为忠诚的其他测量条款的 CITC 值分别为 0.548，0.536 及 0.691，均大于 0.5。量表整体的 α 系数为 0.773，大于 0.7，符合信度要求。

表 5-2　行为忠诚量表的项目净化

测量条款	CITC	删除此条款后 α	Cronbach α
C_1	0.516	0.548	$\alpha_1=0.721$
C_2	0.534	0.536	$\alpha_2=0.773$
C_3	0.544	0.691	
C_7	0.222	删除	

(二)意向忠诚量表的项目净化

用 CITC 法和 Cronbach α 系数法净化和删除意向忠诚量表中的“垃圾条款”。从表 5-3 中可以看出，总体信度 α 系数大于 0.7，满足信度要求。各问题项的 CITC 值均大于 0.5，均满足所需条件。通过本次检验，原假设量表中无须删除项。

表 5-3　意向忠诚量表的项目净化

测量条款	CITC	删除此条款后 α	Cronbach α
C_4	0.664	0.790	$\alpha_1=0.830$
C_5	0.755	0.697	
C_6	0.652	0.802	

(三)反向品牌忠诚量表的项目净化

用 CITC 法和 Cronbach α 系数法净化和删除反向品牌忠诚量表的“垃圾条款”。从表 5-4 中可以看出,总体信度 α 系数大于 0.7,满足信度要求。各问题项的 CITC 值均大于 0.5,均满足所需条件。通过本次检验,原假设量表中无须删除项。

表 5-4　反向品牌忠诚量表的项目净化

测量条款	CITC	删除此条款后 α	Cronbach α
C_8	0.509	0.527	$\alpha_1=0.781$
C_9	0.509	0.536	

三、前测问卷的探索性因子分析

接下来,笔者对已经净化后的量表进行了探索性因子分析,具体过程及评判指标同第三章,在此不再赘述,仅将结果列出,结果如表 5-5、5-6 所示。

表 5-5　品牌忠诚表现的 KMO 测度和巴特莱特球体检验结果

KMO 值		0.689
巴特莱特球体检验	卡方值	323.458
	自由度 df	28
	显著性水平 Sig.	0.000

表 5-6　品牌忠诚表现的探索性因子分析结果

因子	1	2	3
C_1	0.171	0.738	−0.093
C_2	0.079	0.716	0.218
C_3	0.129	0.845	−0.047
C_4	0.830	0.193	0.047
C_5	0.877	0.133	0.136
C_6	0.832	0.091	0.123
C_8	0.079	0.040	0.820
C_9	0.145	−0.001	0.824

第四节　相关假设验证

本部分对第五章中所提出的相关假设进行了大样本分析验证。

一、大样本测量信度与效度分析

由于已经对品牌社群融入的表现相关内容进行了信度及效度的分析，在此不必再行重复。在本章中，只是对品牌社群影响下的品牌忠诚部分问卷进行信度及效度分析。具体分析方法同上一章，在此不再赘述，结果如表 5-7、5-8、5-9 所示。

(一)品牌忠诚量表的测量信度分析

表 5-7　行为忠诚相关量表的 CITC 和信度分析

测量条款	CITC	删除此条款后 α	Cronbach α
C_1	0.526	0.623	$\alpha_1=0.712$

续 表

测量条款	CITC	删除此条款后 α	Cronbach α
C_2	0.552	0.715	
C_3	0.613	0.696	

表 5-8 意向忠诚相关量表的 CITC 和信度分析

测量条款	CITC	删除此条款后 α	Cronbach α
C_4	0.503	0.704	$\alpha_1=0.731$
C_5	0.598	0.591	
C_6	0.571	0.624	

表 5-9 反向品牌忠诚相关量表的 CITC 和信度分析

测量条款	CITC	删除此条款后 α	Cronbach α
C_8	0.588	0.601	$\alpha_1=0.740$
C_9	0.588	0.590	

(二)品牌忠诚量表的测量效度分析

在此，同样对品牌社群影响下的品牌忠诚部分问卷进行了效度分析，具体过程不再赘述，只是将结果以列表形式展示。

从表 5-10 中可以看出，品牌忠诚表现的验证性因子分析的拟合效果比较好，各类拟合指数均超过评价标准。绝对拟合指数 $\chi^2/df=2.265<3$，RMSEA$=0.064<0.1$，GFI$=0.970>0.9$，均优于最佳评价标准；相对拟合指数 NFI$=0.950>0.9$，CFI$=0.971>0.9$，NNFI$=0.953>0.9$，这些指标也均优于最佳评价标准。

表 5-10 品牌忠诚表现的模型拟合结果

拟合指标	相关结果
卡方/自由度(χ^2/df)	2.265
拟合优度指数(GFI)	0.970
近似误差均方根(RMSEA)	0.064
残差均方根(RMR)	0.041

续　表

拟合指标	相关结果
常模拟合指数(NFI)	0.950
非常模拟合指数(NNFI)即 TLI	0.953
比较拟合指数(CFI)	0.971

表 5-11　品牌忠诚表现模型的收敛效度指标

	标准载荷	(构建信度)CR	AVE
行为忠诚		0.959	0.892
C_1	0.661		
C_2	0.532		
C_3	0.850		
意向忠诚		0.961	0.892
C_4	0.618		
C_5	0.758		
C_6	0.701		
反向品牌忠诚		0.906	0.828
C_8	0.811		
C_9	0.725		

根据表 5-11 可知,各维度的 CR 值均高于 0.6,AVE 值均高于 0.5,说明该问卷品牌社群融入影响因素部分的收敛效度不错。

表 5-12 列出了品牌忠诚表现各因子间的相关系数和 AVE 的均方根(以粗体显示于对角线),从中首先可以发现,没有两个维度之间的相关系数特别大,相关系数的取值均在 0.485—0.791 之间;其次可以发现,各因子的 AVE 值的均方根均大于其与其他因子之间的相关系数,表明品牌社群融入影响因素的区分效度较好。具体的品牌忠诚表现的因子分析整体拟后指数结果见图 5-1。

表 5-12　品牌忠诚表现模型 AVE 的均方根与影响因素因子相关系数比较

	行为忠诚	**意向忠诚**	**反向品牌忠诚**
行为忠诚	**0.944**		
意向忠诚	0.791	**0.944**	
反向品牌忠诚	0.485	0.628	**0.910**

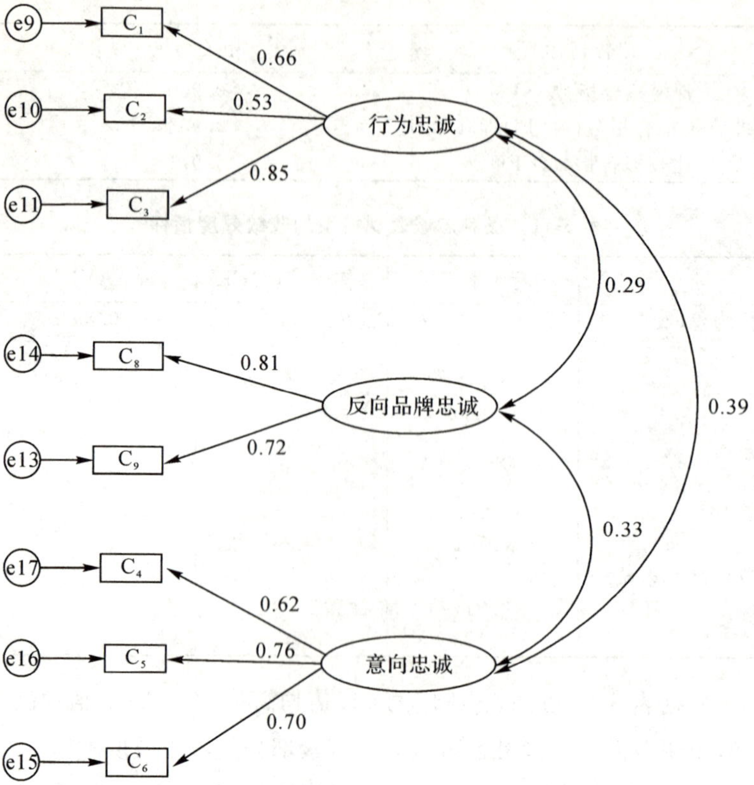

图 5-1　品牌忠诚表现的因子分析整体拟合指数结果图

通过上述测量信度及效度的分析可以发现，品牌社群影响下的品牌忠诚问卷是符合要求的。接下来，使用回归分析法对产品使用时间在品牌社群融入对品牌忠诚的影响中的调节作用进行分析。在本部分中，所使用的软件是 SPSS 15.0。在证明产品使用时间的调节作用时，笔者还引入了调节变量。并且在做调节效应分析时，将自变量和调节变量都做了中心化后再代入回归方程。（温忠麟、侯杰泰、张雷，2005）在本书中，产品使用时间就是指拥有汽车时间的长短，在本书问卷的设计中已经考虑了这一问题，以 D_9 来表示问题项即对品牌社群成员使用产品的时间进行了考察。

二、相关假设验证

对于品牌社群融入对品牌忠诚的影响，本书采用了多元线性回归的方式进行了假设验证。在进行验证之前，笔者对所有的结果都进行了标准化以减少回归分析中所不能容忍的多重共线性问题。因此，本部分所得出的结果均是标准化后数据分析结果。

(一)品牌社群融入对品牌行为忠诚的影响分析

对于品牌社群融入对品牌行为忠诚的影响，需要进行无调节作用下的分析及产品使用时间、产品价格（以 D_4 表示）调节作用下的分析才能够验证上述假设。

1. 品牌社群融入对品牌行为忠诚的无调节作用影响分析

如上所述，品牌社群融入的各种表现（同类意识、社群责任、社群精神）都会对品牌行为忠诚产生正向影响。表 5-13 反映了在不考虑产品使用时间的调节作用时，同类意识、社群责任及社群精神对品牌行为忠诚影响的大小。

表 5-13 品牌社群融入的各种表现对品牌行为忠诚的回归分析(无调节)

	非标准化系数		标准化回归系数	T 值	Sig	多重共线性	
	B	标准误差	Beta			容忍度	VIF 值
常数项	1.148	0.347		3.305	0.001	0.676	1.479
Ptl	0.094	0.053	0.095	1.785	0.005	0.710	1.408
Pcht	0.477	0.049	0.508	9.771	0.000	0.760	1.316
Pdd	0.203	0.064	0.160	3.176	0.002	0.676	1.479
其中，$R^2=0.420$；Adjust $R^2=0.414$；$F=72.775$；Sig=0.000							

注：因变量=行为忠诚。

上述多元回归模型中的 $R^2=0.420$，调整后的 $R^2=0.414$，方差分析的 F 值为 72.775，显著性概率为 0.000，表明回归模型具有统计显著性。并且，各自变量的方差膨胀因子（VIF）的最小值和最大值分别为 1.316 和 1.479，均小于 10，表明模型不存在严重多重共线性的问题。

因此，根据表 5-13，可以得到如下回归方程：

品牌行为忠诚＝1.148＋0.095×同类意识＋0.508×社群精神＋0.160×社群责任

从回归结果可以看出，同类意识、社群责任及社群精神三个变量的回归系数都显著不为零（P＜0.001）。同类意识、社群责任、社群精神也与品牌行为忠诚正相关。原假设得到实证支持。

2. 产品使用时间对品牌行为忠诚的调节作用分析

如上所述，为了验证产品使用时间的调节作用，笔者将原有问卷中的产品使用时间计作 1，2，3，4，5。为了验证产品使用时间的调节作用，笔者对同类意识、社群精神及社群责任与产品使用时间的交互作用进行了考察。为了消除其中所存在的多重共线性问题，首先对相关数据进行了标准化。随后，利用多元线性回归的方法得出相关结果，如表 5-14 所示。

表 5-14　产品使用时间对品牌行为忠诚的调节作用分析

	非标准化系数		标准化回归系数	T 值	Sig	多重共线性	
	B	标准误差	Beta			容忍度	VIF 值
常数项	0.006	0.044		0.133	0.895		
Btl	0.083	0.054	0.083	1.547	0.023	0.664	1.507
Bcht	0.506	0.052	0.506	9.657	0.000	0.696	1.437
Bdd	0.170	0.051	0.170	3.357	0.001	0.748	1.336
Btl* D_9	0.072	0.052	0.072	1.372	0.011	0.689	1.451
Bcht* D_9	−0.109	0.054	−0.100	−2.009	0.045	0.775	1.291
Bdd* D_9	−0.008	0.053	−0.008	−0.159	0.874	0.725	1.379
其中，R^2＝0.429；Adjust R^2＝0.417；F＝1.576；Sig F change＝0.000							

注：第一，预测值：社群责任*产品使用时间，社群精神*产品使用时间，同类意识*产品使用时间，社群责任，社群精神，同类意识。第二，因变量：行为忠诚。

从表 5-14 中可以看出，在考虑产品使用时间后的回归模型具有统计显著性，各自变量的方差膨胀因子（VIF）的最小值和最大值分别为 1.291 和 1.507，均小于 10，表明模型不存在严重的多重共线性。从回归结果还可以看出，产品使用时间与社群责任交互项的系数不显著，社群责任对品牌行为忠诚的影响不会因为产品使用时间不同而有所不同。

3. 产品价格对品牌行为忠诚的调节作用分析

为了验证产品价格的调节作用，笔者将产品价格计作 1，2，3。并对同类意识、社群精神及社群责任与产品价格的交互作用进行了考察。为了消除其中所存在的多重共线性问题，首先对相关数据进行了标准化。在随后，利用多元线性回归的方法得出相关结果。最终得到的回归分析结果见表 5-15。

表 5-15 产品价格对品牌行为忠诚的调节作用分析

	非标准化系数		标准化回归系数	T 值	Sig	多重共线性	
	B	标准误差	Beta			容忍度	VIF 值
常数项	0.938	0.334		2.806	0.005		
Btl	−0.183	0.147	−0.180	−1.245	0.214	0.664	1.507
Bcht	0.715	0.135	0.753	5.314	0.000	0.696	1.437
Bdd	0.281	0.140	0.224	2.008	0.046	0.748	1.336
Btl* D_4	0.236	0.077	1.243	3.067	0.002	0.689	1.451
Bcht* D_4	0.202	0.076	1.047	2.659	0.008	0.775	1.291
Bdd* D_4	−0.036	0.068	−0.203	−0.529	0.597	0.725	1.379
其中，$R^2=0.466$；Adjust $R^2=0.456$；F=43.567；Sig F change=0.000							

注：第一，预测值：社群责任*产品价格，社群精神*产品价格，同类意识*产品价格，社群责任，社群精神，同类意识。第二，因变量：行为忠诚。

从表 5-15 中可以看出，在考虑产品价格后的回归模型具有统计显著性，各自变量的方差膨胀因子（VIF）的最小值和最大值分别为 1.291 和 1.507，均小于 10，表明模型不存在严重的多重共线性。从回归结果还可以看出，产品价格与社群责任交互项的系数不显著,社群责任对品牌行为忠诚的影响不会因为产品价格的不同而有所不同。

(二)品牌社群融入对品牌意向忠诚的影响分析

对于品牌社群融入对品牌意向忠诚的影响,需要进行无调节作用下的分析及产品使用时间、产品价格调节作用下的分析才能够验证上述假设。

1. 品牌社群融入对品牌意向忠诚的无调节作用影响分析

如上所述,品牌社群融入的各种表现(同类意识、社群责任、社群精神)都会对品牌意向忠诚产生正向影响。表 5-16 反映了在不考虑产品使用时间的调节作用时,同类意识、社群责任及社群精神对品牌意向忠诚影响的大小。

表 5-16　品牌社群融入的各种表现对品牌意向忠诚的回归分析(无调节)

	非标准化系数		标准化回归系数	T 值	Sig	多重共线性	
	B	标准误差	Beta			容忍度	VIF 值
常数项	0.471	0.364		1.296	0.196		
Ptl	0.058	0.055	0.054	1.046	0.006	0.676	1.479
Pcht	0.535	0.051	0.526	10.491	0.000	0.710	1.408
Pdd	0.307	0.067	0.223	4.599	0.000	0.760	1.316
其中,$R^2=0.461$;Adjust $R^2=0.456$;$F=86.198$;$Sig=0.000$							

注:因变量:意向忠诚。

上述多元回归模型中的 $R^2=0.461$,调整后的 $R^2=0.456$,方差分析的 F 值为 86.198,显著性概率为 0.000,表明回归模型具有统计显著性。各自变量的方差膨胀因子(VIF)的最小值和最大值分别为 1.316 和 1.479,均小于 10,表明模型不存在严重多重共线性的问题。根据表 5-16,最终得到的回归方程为:

品牌意向忠诚$=0.471+0.054\times$同类意识$+0.526\times$社群精神$+0.223\times$社群责任

从表 5-16 的回归结果可以看出，同类意识、社群责任及社群精神三个变量的回归系数都显著不为零（P＜0.001）。则同类意识、社群责任能够正向影响到品牌意向忠诚的发生，社群精神也与品牌意向忠诚正相关。原假设得到实证支持。

2. 产品使用时间对品牌意向忠诚的调节作用分析

如上所述，为了验证产品使用时间的调节作用，笔者将原有问卷中的产品使用时间计作 1，2，3，4，5。为了验证产品使用时间的调节作用，笔者对同类意识、社群精神及社群责任与产品使用时间的交互作用进行了考察。为了消除其中所存在的多重共线性问题，首先对相关数据进行了标准化。在随后，利用多元线性回归的方法得出相关结果。最终得到的回归分析结果见表 5-17。

表 5-17　产品使用时间对品牌意向忠诚的调节作用分析

	非标准化系数		标准化回归系数	T 值	Sig	多重共线性	
	B	标准误差	Beta			容忍度	VIF 值
常数项	0.002	0.042		0.050	0.960		
Btl	0.071	0.051	0.069	1.409	0.016	0.664	1.507
Bcht	0.512	0.050	0.512	10.183	0.000	0.696	1.437
Bdd	0.236	0.049	0.236	4.863	0.000	0.748	1.336
Btl* D_9	0.013	0.050	0.014	0.268	0.009	0.689	1.451
Bcht* D_9	0.127	0.052	0.117	2.451	0.015	0.775	1.291
Bdd* D_9	0.051	0.052	0.051	0.986	0.325	0.725	1.379
其中，R^2＝0.473；Adjust R^2＝0.463；F＝2.290；Sig F change＝0.008							

注：第一，预测值：社群责任*产品使用时间，社群精神*产品使用时间，同类意识*产品使用时间，社群责任，社群精神，同类意识。第二，因变量：意向忠诚。

从表 5-17 中可以看出，在考虑产品使用时间后的回归模型具有统计显著性，各自变量的方差膨胀因子（VIF）的最小值和最大值分别为 1.291 和 1.507，均小于 10，表明模型不存在严重的多重共线性。从表中还可以看出，产品使用时间同样与同类意识交互项的系数不显著，社群责任对品牌意向忠诚的影响不会因为产品使用时间不同而有所不同。主要原因在于同类意识不是由于使用产品时间长短而感受得来，一个人属于哪种类型更具有先天性的特点。

3. 产品价格对品牌意向忠诚的调节作用分析

同样，为了验证产品价格的调节作用，笔者对同类意识、社群精神及社群责任与产品价格的交互作用进行了考察。为了消除其中所存在的多重共线性问题，首先对相关数据进行了标准化。在随后，利用多元线性回归的方法得出相关结果。最终得到的回归分析结果见表 5-18。

表 5-18　产品价格对品牌意向忠诚的调节作用分析

	非标准化系数		标准化回归系数	T 值	Sig	多重共线性	
	B	标准误差	Beta			容忍度	VIF 值
常数项	0.261	0.359		0.728	0.467		
Btl	−0.043	0.158	−0.039	−0.276	0.783	0.664	1.507
Bcht	0.440	0.144	0.426	3.044	0.003	0.696	1.437
Bdd	0.558	0.150	0.410	3.718	0.000	0.748	1.336
Btl* D_9	0.071	0.082	0.344	0.860	0.390	0.689	1.451
Bcht* D_9	0.023	0.082	0.109	−0.279	0.001	0.775	1.291
Bdd* D_9	−0.106	0.073	−0.550	−1.448	0.049	0.725	1.379
其中，R^2＝0.479；Adjust R^2＝0.469；F＝45.828；Sig F change＝0.000							

注：第一，预测值：社群责任*产品价格，社群精神*产品价格，同类意识*产品价格，社群责任，社群精神，同类意识。第二，因变量：意向忠诚。

从表 5-18 中可以看出，在考虑产品价格后的回归模型具有统计显著性，各自变量的方差膨胀因子(VIF)的最小值和最大值分别为 1.291 和 1.507，均小于 10，表明模型不存在严重的多重共线性。从回归结果还可以看出，产品价格与同类意识交互项的系数不显著，也就是说产品价格对于同类意识没有明显的调节作用，同类意识对品牌行为忠诚的影响不会因为产品价格不同而有所不同。

(三)品牌社群融入对反向品牌忠诚的影响分析

对于品牌社群融入对品牌反向品牌忠诚的影响，需要进行无调节作用下的分析及产品使用时间、产品价格调节作用下的分析才能够验证上述假设。

1. 品牌社群融入对反向品牌忠诚的无调节作用影响分析

如上所述，品牌社群融入的各种表现（同类意识、社群责任、社群精神）都会对反向品牌忠诚产生正向影响。表 5-19 反映了在不考虑产品使用时间的调节作用时，同类意识、社群责任及社群精神对反向品牌忠诚影响的大小。

表 5-19　品牌社群融入对反向品牌忠诚的回归分析

	非标准化系数		标准化回归系数	T 值	Sig	多重共线性	
	B	标准误差	Beta			容忍度	VIF 值
常数项	2.594	0.636		4.075	0.000		
Ptl	0.016	0.096	0.011	0.167	0.868	0.676	1.479
Pcht	0.388	0.089	0.282	4.343	0.000	0.710	1.408
Pdd	0.069	0.117	0.037	0.592	0.554	0.760	1.316
其中，$R^2=0.093$；修正后的 $R^2=0.084$；$F=10.337$；$Sig=0.000$							

注：因变量：反向品牌忠诚。

上述多元回归模型中的 $R^2=0.093$，调整后的 $R^2=0.084$，方差分析的 F 值为 10.337，显著性概率为 0.000，表明回归模型具有统计显著性。并且，各自变量的方差膨胀因子（VIF）的最小值和最大值分别为 1.316 和 1.479，均小于 10，表明模型不存在严重多重共线性的问题。从表 5-19 的回归结果可以看出，在原有假设中，只有社群精神的回归系数显著不为零（$P<0.001$），而同类意识及社群责任的回归系数则不存在这一特点。因此，可以说，原有假设中的社群精神与反向品牌忠诚之间存在着正向关系，而同类意识及社群责任与反向品牌忠诚不存在这种正向关系。

2. 产品使用时间对反向品牌忠诚的调节作用分析

如上所述，为了验证产品使用时间的调节作用，笔者将原有问卷中的产品使用时间计作1,2,3,4,5。为了验证产品使用时间的调节作用，笔者对同类意识、社群精神及社群责任与产品使用时间的交互作用进行了考察。为了消除其中所存在的多重共线性问题，首先对相关数据进行了标准化。在随后，利用多元线性回归的方法得出相关结果。最终得到的回归分析结果见表5-20。

表 5-20 产品使用时间对反向品牌忠诚的调节作用分析

	非标准化系数		标准化回归系数	T 值	Sig	多重共线性	
	B	标准误差	Beta	4.104	0.000	容忍度	VIF 值
常数项	−0.005	0.055		−0.089	0.929		
Btl	0.030	0.067	0.030	0.450	0.653	0.664	1.507
Bcht	0.275	0.065	0.275	4.201	0.000	0.696	1.437
Bdd	0.039	0.063	0.039	0.621	0.535	0.748	1.336
Btl* D9	−0.072	0.065	−0.073	−1.108	0.269	0.689	1.451
Bcht* D9	0.066	0.067	0.061	0.983	0.326	0.775	1.291
Bdd* D9	0.128	0.066	0.124	1.942	0.053	0.725	1.379
其中，$R^2=0.110$；Adjust $R^2=0.093$；F=1.939；Sig F change=0.023							

注：第一，预测值：社群责任*产品使用时间，社群精神*产品使用时间，同类意识*产品使用时间，社群责任，社群精神，同类意识。第二，因变量：反向品牌忠诚。

从表5-20可以看出，在考虑产品使用时间后的回归模型具有统计显著性，各自变量的方差膨胀因子(VIF)的最小值和最大值分别为1.291和1.507，均小于10，表明模型不存在严重的多重共线性。从回归结果还可以看出，产品使用时间与同类意识、社群责任及社群精神交互项的系数都不显著，也就是说，产品使用时间对于品牌社群融入的三个维度都没有明显的调节作用，品牌社群融入对反向品牌忠诚的影响不会因为产品使用时间不同而有所不同。

3. 产品价格对反向品牌忠诚的调节作用分析

同样，为了验证产品价格的调节作用，笔者将原有问卷中的产品使用价格计作1，2，3，4，5。为了验证产品使用价格的调节作用，笔者对同类意识、社群精神及社群责任与产品的交互作用进行了考察。为了消除其中所存在的多重共线性问题，首先对相关数据进行了标准化。在随后，利用多元线性回归的方法得出相关结果。最终得到的回归分析结果见表5-21。

表5-21 产品价格对反向品牌忠诚的调节作用分析

	非标准化系数		标准化回归系数	T值	Sig	多重共线性	
	B	标准误差	Beta	4.104	0.000	容忍度	VIF值
常数项	2.764	0.636		4.346	0.000		
Btl	−0.035	0.279	−0.023	−0.124	0.901	0.664	1.507
Bcht	0.103	0.256	0.074	0.401	0.689	0.696	1.437
Bdd	0.352	0.266	0.192	1.324	0.187	0.748	1.336
Btl* D9	−0.056	0.146	−0.202	−0.384	0.701	0.689	1.451
Bcht* D9	0.207	0.145	0.731	1.430	0.154	0.775	1.291
Bdd* D9	−0.140	0.130	−0.534	−1.072	0.285	0.725	1.379
其中，$R^2=0.101$；Adjust $R^2=0.083$；F=5.603；Sig F change=0.000							

注：第一，预测值：社群责任*产品价格，社群精神*产品价格，同类意识*产品价格，社群责任，社群精神，同类意识。第二，因变量：反向品牌忠诚。

从表5-21可以看出，在考虑产品使用时间后的回归模型具有统计显著性，各自变量的方差膨胀因子（VIF）的最小值和最大值分别为1.291和1.507，均小于10，表明模型不存在严重的多重共线性。根据回归结果还可以看出，产品价格与同类意识、社群责任及社群精神交互项的系数都不显著，也就是说产品价格对于品牌社群融入的三个维度都没有明显的调节作用，品牌社群融入对反向品牌忠诚的影响不会因为产品价格不同而有所不同。

从上所述得出模型的路径和假设检验结果，如表5-22所示。

表 5-22　模型的路径检验和假设检验结果

模型假设	结论
同类意识能够正向影响行为忠诚的发生	支持
相同同类意识的情况下，不同产品使用时间的社群成员有不同的行为忠诚	支持
相同同类意识的情况下，拥有不同价格产品的社群成员有不同的行为忠诚	支持
社群精神能够正向影响行为忠诚的发生	支持
相同社群精神的情况下，不同产品使用时间的社群成员有不同的行为忠诚	支持
相同社群精神的情况下，拥有不同价格产品的社群成员有不同的行为忠诚	支持
社群责任能够正向影响行为忠诚的发生	支持
相同社群责任的情况下，不同产品使用时间的社群成员有不同的行为忠诚	不支持
相同社群责任的情况下，拥有不同价格产品的社群成员有不同的行为忠诚	不支持
同类意识能够正向影响意向忠诚的发生	支持
相同同类意识的情况下，不同产品使用时间的社群成员有不同的意向忠诚	支持
相同同类意识的情况下，拥有不同价格产品的社群成员有不同的意向忠诚	不支持
社群精神能够正向影响意向忠诚的发生	支持
相同社群精神的情况下，不同产品使用时间的社群成员有不同的意向忠诚	支持
相同社群精神的情况下，拥有不同价格产品的社群成员有不同的意向忠诚	支持
社群责任能够正向影响意向忠诚的发生	支持
相同社群责任的情况下，不同产品使用时间的社群成员有不同的意向忠诚	不支持
相同社群责任的情况下，拥有不同价格产品的社群成员有不同的意向忠诚	支持
同类意识能够正向影响反向品牌忠诚的发生	不支持
相同同类意识的情况下，不同产品使用时间的社群成员有不同的反向品牌忠诚	不支持
相同同类意识的情况下，拥有不同价格产品的社群成员有不同的反向品牌忠诚	不支持

续 表

模型假设	结论
社群精神能够正向影响反向品牌忠诚的发生	支持
相同社群精神的情况下，不同产品使用时间的社群成员有不同的反向品牌忠诚	不支持
相同社群精神的情况下，拥有不同价格产品的社群成员有不同的反向品牌忠诚	不支持
社群责任能够正向影响反向品牌忠诚的发生	不支持
相同社群责任的情况下，不同产品使用时间的社群成员有不同的反向品牌忠诚	不支持
相同社群责任的情况下，拥有不同价格产品的社群成员有不同的反向品牌忠诚	不支持

第五节　相关结果讨论

通过对比以上分析结果可以发现：

第一，行为忠诚与意向忠诚的产生受品牌社群融入正向影响的假设得以验证。但通过验证，只有社群精神能够导致反向品牌忠诚发生。从这一点可以说明，反向品牌忠诚的发生是比较困难的，一方面的原因是现在很多厂商并不将反向品牌忠诚作为追求的目标，通常以包容的心态来对待其他品牌，这会赢得顾客更多的好感。因此，包括厂商在内的绝大多数品牌社群组织者并不将相竞争品牌的敌意带入品牌社群中。如在中国举办的 Jeep 中国群英会中，不仅 Jeep 旗下的牧马人，改装的小切、大切踊跃参加，甚至改装的丰田霸道、三菱帕杰罗车主也来一试身手。可见 Jeep 大会不仅是单一品牌车主的聚会，也是越野爱好者的节日。也只有通过这种包容性的活动，才能赢得更广泛的品牌忠诚。另一方面，反向品牌忠诚产生的重要推动力量是品牌的内涵。如上面所提到的使用 Apple 的消费者会对其他 PC 机有排斥感，主要原因并不是 Apple机在功能上比其他PC机强大多少，主要是因为Apple机所坚持的新颖外形、独特设计及技术创新的精神在影响着这批忠诚的顾客。Apple品牌的内涵已经深深印入Apple的品牌社群中，这就导致了品牌社群的社群精神在一定程度上能够正向影响反向品牌忠诚。而社群责任及同类意识并不能导致如此。

第二，在不同种类的品牌忠诚的形成中，不同的产品使用时间对社群责任的调节作用不明显，但对同类意识及社群精神的调节作用比较明显。也就是说，对于具有相同同类意识或社群精神的成员，不同的产品使用时间情况下会产生不同的品牌行为忠诚和意向忠诚，但对于具有相同社群责任的消费者则没有这种情况的发生。这主要是因为同类意识及社群精神的出现，在一定程度上要依赖于产品的使用经验，正像《品牌汽车浙江全国销量第一 豪车品牌占半数》(新浪网，20090206)文章中所述的，寿先生卖了开了4年的伊兰特，换了一辆奥迪A4。“买了奥迪就意味着生活品位靠近了奥迪人群，自己出去都特别自信……”寿先生说。就像许多人花钱读MBA是为了进入某个圈子，因为同样的理由，作为最早进入浙江市场的豪华车品牌，奥迪在浙江不乏忠诚于品牌的追随者。因此，对于品牌社群融入表现中的同类意识及社群精神，它们只有同产品使用时间相互促进后才能有效促进行为忠诚及意向忠诚的产生。例如，上例中的寿先生，虽然他一直认为他具有一定的“奥迪人”的特征，也了解奥迪的社群精神，但只有在他实实在在消费了奥迪车以后，他的这种同类意识及社群精神才更加强烈，也才能更加促进行为忠诚和意向忠诚的产生。但对于社群责任来讲，产品使用时间的长短对其没有显著调节作用，甚至社群责任的产生都与产品使用时间的长短无关，有些品牌社群的“布道者”也不拥有品牌产品，但他们仍然积极地为社群做事情，同时也显现出品牌忠诚。

第三，在不同种类的品牌忠诚的形成中，不同的产品价格对同类意识的调节作用不明显，但对社群精神及社群责任的调节作用比较明显，并且这种调节作用为负向调节。也就是说，对于具有相同社群责任或社群精神的成员，拥有更低价格产品的消费者往往能产生更为强烈的品牌行为忠诚和意向忠诚，但对于具有相同同类意识的消费者则没有这种情况的发生。这主要是因为同类意识不会因为产品价格的不同而改变。对于同类意识来讲，主要是成员的一种心理感觉，这种心理感觉，在价格高的产品中可以出现，在价格低的产品中也同样可以产生，并且同类意识产生后，不同的产品价格不会影响成员对品牌的忠诚。例如，购买奥迪等高档汽车的消费者一旦有了“奥迪人”的感觉，他们会在再次购买汽车时选择奥迪或积极向别人推荐奥迪。但如果购买奇瑞 QQ 的消费者一旦具有了“QQ 人”的感觉，那么他也会在再次购买汽车时考虑这种汽车，并且会积极向同等经济实力的消费者进行推荐。这两种人购买或推荐意愿的强度可能会相等。

第四，在反向品牌忠诚的形成中，不同的产品使用时间及不同产品价格都没有显现出对品牌社群融入的调节作用。反向品牌忠诚的行为本身就是一个复杂的过程，它是一个相对的概念。因此，不同的产品使用时间及不同的产品价格往往只是会使品牌社群成员产生对产品本身满意度的对比，从社群角度来讲的品牌忠诚形成并没有受到产品使用时间长短及产品价格高低的影响。

第六章　结论和展望

第一节　研究结论

在品牌社群得到越来越多关注的背景下，本文试图围绕品牌社群融入这一核心问题，以家用汽车行业品牌社群为研究对象，对品牌社群融入的表现、影响因素及对品牌忠诚的影响进行探讨。围绕上述三个问题，本文本着“理论分析—实证研究—理论总结”的一般研究思路，得到如下主要结论：

1. 品牌社群融入度可以通过同类意识、社群精神及社群责任三个维度进行测量

品牌社群成员在品牌社群中的表现是一个连续过程，从对品牌社群有所了解到加入品牌社群再到最后的融入品牌社群是品牌社群链条的完整环节。在以往对品牌社群的研究中，学者们提出品牌社群成员的表现可以通过同类意识、社群精神及社群责任三个维度来测量。但这些研究多为理论分析，少有实证检验。并且，社群是一种高度社会化的关系体，不同国家、不同情境下的表现会有很大差异。本文吸收了社会学中社群研究的相关成果，设计出适用于我国家用汽车行业的品牌社群融入度测量量表，并通过对我国家用汽车行业品牌社群的实证分析，最后在提出品牌社群融入度概念的基础上得出品牌社群融入度可以通过同类意识、社群

精神及社群责任三个维度来进行测量。

通过对品牌社群融入度进行实证分析还可以发现,社群责任表现得最为突出,而同类意识则最不显著。也就是说,社群责任在品牌社群融入度上具有明显差别,融入度高的品牌社群成员所表现出的社群责任感最强。品牌社群成员的融入度越高,就越会积极地通过帮助其他成员、消除不利于品牌社群的言论等手段来维护自己所在的品牌社群。对于社群精神来说,在不同品牌社群融入度上差别不大。甚至可能出现得益于厂商的大力宣传,人们对社群精神所依托的品牌内涵在没有加入品牌社群的时候就牢记在心的情况。因此,融入品牌社群对成员社群精神的产生仅有一定的促进作用。而同类意识表现最不明显的原因,可能是由于在融入品牌社群和加入品牌社群后的表现没有明显差别,也就无法做到有效区分,从而导致在此项上的得分最少。

2.不同成员的品牌社群融入表现有较大差异

通过对品牌社群融入表现进行实证分析后可以发现:

第一,不同品牌社群参与时间的成员具有不同的品牌社群融入度。参加品牌社群时间越长,品牌社群融入度越高。并且,同类意识及社群责任两个维度的表现会随着品牌社群参加时间的延长而显著加深,但社群精神的表现程度没有明显变化。此外,由于品牌社群是一种充满活力的社会化组织,品牌社群成员能够在短时间内受到这一组织的影响,从而导致品牌社群融入度的差异只在加入品牌社群不足1年与1—2年的社群成员中才会出现,随着时间的进一步延长,品牌社群融入度的差异开始变得不明显。

第二,不同年龄成员的品牌社群融入度有明显差异。成员年龄越大,品牌社群融入度反而越低。并且,这种降低主要体现在社群精神的表现上,其他两个维度在成员年龄上的表现没有差别。

第三,价格的不同也会导致品牌社群融入度具有明显差异。

考察在不同产品价格情况下的品牌社群总体表现后可以发现，15万—25万元价格段上的产品消费者所表现出的品牌社群融入最为强烈。

3. 品牌社群成员所获取的价值会对品牌社群融入产生影响，但影响程度不同

本文对品牌社群融入影响因素的分析从顾客价值角度及社群关系角度进行。其中，影响品牌社群成员融入品牌社群的价值有功能价值、社会价值、认知价值、享乐价值和集体谈判价值五种。

本文通过实证分析证明，对品牌社群融入影响较大的价值是社会价值和认知价值。这就说明，品牌社群作为一个社会组织，其社会性是否能够完美体现于对品牌社群融入产生较大的影响。品牌社群对其成员吸引力最大的地方是能够获得与其他人交流的机会、获得其他人的承认，并且对自己有更加正确的认识。品牌社群作为一种社会化的组织，为其成员提供了与具有相类似看法的人交流的机会，这种机会是每一位品牌社群成员所珍视的，特别是在血缘关系越来越简单、各种压力越来越大的今天更是如此。就像Ballantine & Martin(2005)所提到的那样，个人之间的交流已经成为激发个人活力的重要因素。当然，这种社会价值和认知价值不仅仅体现在获得与类似看法的人交流的机会，更深一步，品牌社群为其成员提供了获得其他人承认的机会，提供了更加正确认识自己的机会。但现在大多数人在工作、生活中的社会地位比较缺乏，获得其他人承认的机会也不多。恰恰在这一点上，品牌社群发挥了其应有的作用。如果能够在品牌社群中积极发挥作用，积极参加某些活动甚至是组织某些活动，任何一位品牌社群成员都能够获得其他成员的承认，从而提升自己的社会地位。

享乐价值和集体谈判价值对品牌社群融入的影响程度紧跟在社会价值和认知价值之后。而功能价值对品牌社群融入的影响程

度最低，这可能与主观感受有些许矛盾。在一般人的印象里，以获取有用信息、其他人的帮助等为代表的功能价值对品牌社群的吸引力至关重要。对于这一点，本文认为，功能价值只是在加入品牌社群上才具有明显的推动作用，在进一步促使成员融入品牌社群这一过程中它所发挥的作用并不明显。很显然，人们在加入品牌社群的初始时期可能更看重品牌社群能给他们在产品使用、产品维护上提供多少有用信息，但这只是他们的初衷。如果品牌社群仅仅停留在提供信息等功能价值上，已经加入品牌社群的成员会慢慢感到乏味，并不能真正融入品牌社群。品牌社群如果要获得持续发展，最重要的后续工作还是充分发挥其社会性的特点。

4. 品牌社群的社群关系会对品牌社群融入产生影响，影响程度也有所差异

除顾客价值以外，社群关系对品牌社群的融入也产生重要影响。并且，本文的实证分析表明，在包含顾客价值在内的所有影响因素中，关系信任对品牌社群融入的影响程度最大。这就说明，如果要使品牌社群成员真正融入品牌社群，必须在品牌社群内营造一种“真实”的氛围，否则成员会感到品牌社群内所有的内容都是“虚假”的，会离开品牌社群或仅仅从品牌社群中获取自己想要的，而并不能真正融入其中。

最后，社群压力对品牌社群融入的影响是负面的。通过本文实证分析可以发现，社群压力与品牌社群融入表现中的社群责任和社群精神之间没有显著关系，但对同类意识能够产生显著的负向影响。社群压力来源于两个方面：一是社群的规章制度所引起，二是社群其他成员所带来的口头或行为上的压力。如果这两种压力过大，就会使品牌社群成员产生反感，即使在社群精神和社群责任已经产生的情况下，他们也会逐渐发现他们同社群内其他成员之间的分歧越来越大，自己已经慢慢从内心上脱离这一社群，从而

最终脱离品牌社群。

5. 品牌社群融入的三个维度都能对行为忠诚与意向忠诚产生正向影响,但只有社群精神能够对反向品牌忠诚产生影响

本文通过品牌社群融入对品牌忠诚影响的实证分析发现,品牌社群融入的三个维度共同影响到行为忠诚和意向忠诚,但在影响程度上有所差别。只有社群精神能够显著影响反向品牌忠诚。究其原因,一方面,很多品牌社群组织者并不刻意将反向品牌忠诚作为追求的目标,他们通常会以包容的心态来对待其他竞争品牌,从而赢得顾客更多的好感,因此影响反向品牌忠诚的因素会少很多。另一方面,反向品牌忠诚产生的重要推动力量是品牌的内涵。例如,瑞典豪华汽车品牌——萨博汽车的消费者对沃尔沃汽车就有一定程度的排斥感,主要并不是汽车在安全、豪华等产品本身性能上存在着差距,而是萨博汽车的消费者认为他们的汽车源于航空工业,代表着速度与激情,而这种品牌内涵正好与沃尔沃所追求的内敛、豪华相冲突。这种品牌的内涵在一定程度上是品牌中社群精神的基础。品牌内涵的冲突会反映在品牌社群中社群精神的巨大差异上,进而也就在品牌社群成员的反向品牌忠诚中表现出来。

6. 在行为忠诚及意向忠诚的形成中,产品使用时间的不同对社群责任的调节作用不明显,但对同类意识和社群精神的调节作用比较明显

对于具有相同同类意识或社群精神的成员,产品使用时间不同的情况下会产生不同的品牌行为忠诚和意向忠诚,但对于具有相同社群责任的消费者则没有这种情况的发生。这主要是因为同类意识和社群精神在一定程度上和产品使用时间形成良性互动,如果已经具有了同类意识或社群精神,再得益于产品使用的良好感受,两者就会形成良性互动,最终对行为忠诚和意向忠诚产生更

大的促进作用。反之,如果只有同类意识或社群精神的产生,而在产品使用时间上相对不足,这种同类意识或社群精神也就不会持久,从而就不会对行为忠诚和意向忠诚产生强有力的促进。但如前所述,对于社群责任来讲,产品的使用时间长短对其没有显著调节作用,甚至社群责任的产生也与产品使用时间的长短无关。

7. 在行为忠诚及意向忠诚的形成中,产品价格的不同对同类意识的调节作用不明显,但对社群精神和社群责任的调节作用比较明显

对于具有相同社群精神和社群责任的成员,拥有价格更低的产品的消费者会产生更强烈的品牌行为忠诚和意向忠诚,但对于具有相同同类意识的消费者则没有这种情况的发生。这主要是因为同类意识的产生和作用发挥不会随产品价格的不同而不同,同类意识主要是社群成员的一种心理状态,价格高的产品的消费者能有同类意识,价格低的产品的消费者同样也可以有同类意识。并且,具有了同类意识以后,在其他条件不变的情况下,无论是低价格产品的消费者还是高价格产品的消费者,都会具有相同强度的品牌忠诚。

8. 对于反向品牌忠诚来讲,产品使用时间和产品价格对品牌社群融入作用的产生都没有明显调节作用

反向品牌忠诚本身是一个复杂的过程,它是一个相对的概念。因此,不同的产品使用时间和产品价格往往只会使品牌社群成员产生对产品本身满意度的对比。从社群角度来讲的反向品牌忠诚形成并不会受到产品使用时间长短的影响。

第二节 学术价值

本文在总结吸收品牌社群、顾客价值、品牌忠诚、社群关系等

领域研究成果的基础上，对品牌社群融入的表现、影响因素及对品牌忠诚的影响机制等问题进行了理论分析和实证研究，得出了一些有意义的研究结论。本文的学术价值主要体现在以下五个方面：

1. 提出品牌社群融入度的概念，使得对社群成员的研究相对简化

如上所述，以往研究中对品牌社群参与及品牌社群融入都有所涉及，有时进行了区分，有时却合二为一，造成这种状况的主要原因在于成员在品牌社群中的表现是一种连续状态，这种状态本身就很难进行阶段性划分。并且，针对以往研究中对品牌社群融入多以理论分析为主的情况，本文在借鉴社会学对社群研究以及营销学中对品牌社群研究的相关成果基础上，以我国家用汽车产业为例，设计出测量品牌社群融入度的量表并进行了实证检验。

2. 建立品牌社群融入影响因素的识别框架并进行实证检验，有利于系统研究

以往对品牌社群融入影响因素的研究较为散乱，大多针对品牌社群成员的感受进行简单描述，系统性不足，更缺乏实证检验，这就导致研究过程中漏失对其他重要因素的考虑。本文一方面从顾客价值角度分析了影响品牌社群成员融入的因素，另一方面从社群关系角度分析了品牌社群成员所处环境的影响。这一框架应该可以为今后识别新的影响因素提供参照系。本文所提出的影响品牌社群融入的顾客价值包括功能价值、社会价值、认知价值、享乐价值及集体谈判价值五类，影响品牌社群成员的外部环境包括关系信任及社群压力，并且这些都通过了实证检验。这从另一角度证明了这种参照系的有效性。以该框架和实证结论为基础，今后还可以从新的影响因素等方面进行挖掘，这些工作都为今后的理论研究提供了一条可借鉴的道路。

3.对品牌社群融入进行了全过程研究,突出了研究的动态性

品牌社群的研究以往还主要集中在品牌社群的定义、品牌社群的特征、品牌社群对品牌忠诚的影响等静态研究上,主要是针对某一个问题进行的单独研究。但品牌社群之所以发挥作用很明显是一个过程。周至民(2005)、林青和肖阳(2005)在这方面进行了一定的探索,但也都没有涉及全过程的研究。国外的 Vivekananda(2006)从全过程的角度进行了初步研究,但内容较为简单。本文沿着品牌社群融入的表现、影响品牌社群融入的因素及品牌社群融入对品牌忠诚的影响这样一个理论框架进行系统分析,使对品牌社群的研究在动态性上更进了一步。

4.对品牌社群融入进行了分维度研究,突出了研究的深入性

以往的研究,虽然也提到了何种因素影响了品牌社群融入及品牌社群融入对品牌忠诚产生了积极的影响等内容,但这些研究存在的一个不足就是没有对品牌社群融入、品牌忠诚及品牌社群融入的影响因素进行分维度研究。以往绝大多数研究只是通过文字性描述或简单的实证分析证明品牌社群融入对品牌忠诚产生显著正向影响,其中的品牌社群融入及品牌忠诚都采用了单一变量。这种研究所带来的不足非常明显,即无法深入研究,更不能通过理论分析对实践提出指导建议。本文将品牌社群融入度分为三个维度,将品牌社群融入的影响因素分为两个维度进行了深入分析。

5.将产品使用时间、产品价格等调节变量引入了研究框架

在以往的研究中,除了 McAlexander,Kim & Roberts(2003)对品牌社群影响过程中所存在的调节变量进行了探索以外,还没有出现对调节变量的研究。在本文中,对产品使用时间及产品价格在品牌社群融入表现中的调节作用进行了实证分析。这为今后对调节作用的分析有一定的借鉴作用。

第三节 实践启示

由于品牌社群所具有的群体性，在品牌社群的发展过程中，它已经不仅仅是企业的问题，也慢慢成为一个社会问题。本文以家用汽车行业为例提出了几点可供借鉴的建议：

1. 家用汽车厂商应充分重视品牌社群的作用，积极推进品牌社群建设

首先，通过品牌社群融入对品牌忠诚影响的实证分析可以发现，品牌社群融入对行为忠诚和意向忠诚都有显著影响，对反向品牌忠诚也有一定的影响。这也印证了以往研究中所提到的消费者之间的关系能够对品牌忠诚产生积极影响的推论。在国外，品牌社群的建设已经从最初的汽车、摩托车等耐用消费品迅速扩展到包括以联合利华为代表的快速消费品、以教育和新闻出版所代表的服务类产品上，甚至某些体育明星和政治明星也拥有自己的品牌社群。也就是说，品牌社群已经不仅仅像往常所认识的那样只是建立在具有鲜明个性的品牌上，大众化的品牌也完全可以建立自己的品牌社群。反观国内，即使在家用汽车行业，某些厂商也还没有充分认识到品牌社群对于品牌忠诚的树立和提升具有积极作用，这些厂商的认识仍然仅仅停留在“忠诚来源于过硬的质量、良好的服务”上。本文为相关家用汽车企业提供了参考，提醒他们应该充分认识到品牌社群对品牌忠诚塑造的重要性，以促使他们积极应对。

其次，通过对产品价格的调节作用进行实证分析后可以发现，无论是对于低价格的产品还是对于高价格的产品，一旦消费者具有了同类意识，自己感到自己的个性与品牌的内涵有了更深入的

契合，那么他们的品牌忠诚度就会非常高，这与价格的差别没有关系。此外，对于受价格调节的社群精神及社群责任，价格的调节作用呈现反向态势，也就是说，对于低价格的产品消费者，如果具有了社群精神及社群责任，往往能够产生更为强烈的品牌忠诚。在这一点上，纠正了以往有些人所认为的高价格产品适合培育品牌内涵，适合建立品牌社群，而低价格产品没有这种必要的错误观点。

2. 重视成员加入社群的初期，增加品牌社群融入度

在通过对品牌社群融入的表现进行实证分析后发现，对于参加社群时间在 1 年以下的成员，在品牌社群融入表现上与 1 年以上的成员有着明显差别，而参加时间在 1—2 年的成员与 2 年以上的成员则没有明显差别。并且，这种差别主要体现在同类意识及社群责任中。这就说明，在参加社群后的第一年对于成员的品牌社群融入具有极其重要的作用。第一，对于刚加入品牌社群的成员，相关厂家及社群应该努力举办一些活动，这些活动应该属于开放式的、进入门槛不太高的活动，通过活动促使这些新成员认识到自己属于这一社群；第二，培养社群内成员的社群责任感。综观国内品牌社群，在社群责任气氛中存在着相当大的差异，有些社群内部，形成了强烈的互帮互助的氛围，对于这些社群的新成员，也能够很快产生自身的社群责任，从而迅速提升品牌社群融入感。因此，通过关键典型的树立、社群内部的宣传、组织人员的带动等方式可以提升社群责任氛围，进而提高新成员的品牌社群融入。

3. 因人而异采取措施，提升品牌社群融入度

通过实证分析可以发现，随着成员年龄的变大，品牌社群融入度反而越低，并且这种降低主要表现在社群精神上，其他两个维度没有明显差别。究其原因，主要是因为随着成员年龄的增大，他们会将越来越多的时间和精力投入到工作、生活中，对社群的传统关

注不够，导致社群精神的降低。也就说明，在社群内部，要因人而异采取措施。比如，一方面要有能够投入时间和精力的活动，这些活动更多的是吸引年轻人参加。年轻人通过参加这些活动，增强自己的社群精神、社群责任及同类意识，从而更好地融入品牌社群。另一方面，采用一些节省精力和时间的活动来满足年龄较大成员的需要也是非常必要的。同时，充分利用网络，突破某些活动举办时的时间性和空间性，也会对这一部分成员的品牌社群融入产生积极影响。

4. 发挥品牌社群的社会性，促进品牌社群的发展壮大

通过对品牌社群融入影响因素的实证分析可以发现，在所有影响品牌社群融入的因素中，从顾客价值层面来讲，社会价值和认知价值所发挥的作用更大，而对于大家通常所认为的重要因素——功能价值来讲，所发挥的作用并不大。反观当前国内的某些家用汽车行业的品牌社群，在其建设过程中无一例外地都特别注意为其成员提供团购信息、价格信息或汽车测评信息等，他们以为其成员只要能够获得充足的功能价值就必然会融入品牌社群进而产生更强烈的品牌忠诚。本文的研究结果指出，汽车行业的品牌社群在今后的建设中应该更加积极发挥其社会性的特点，一方面要为有新想法或活动积极的成员提供一个组织活动的平台，使其通过活动的组织达到获取社会价值的目的；另一方面，应积极拓展交流的渠道，使品牌社群内部交流的氛围逐渐浓厚。

5. 营造真实氛围，减轻社群压力，积极促进品牌社群的发展壮大

在影响品牌社群融入的所有因素中，关系信任和社群压力的影响不容小觑。特别是关系信任，在所有的影响因素中处于最为重要的地位。对于一些发展不顺利的品牌社群，特别是虚拟社群，很大程度上是因为无法有效甄别所发布信息的真实性。国内某些汽车品牌社群的没落在很大程度上也归咎于这一原因，在这些社

群的发展过程中，可能会逐渐被某些组织所利用，发布不真实的产品价格、使用等信息，导致了品牌社群成员的逐渐流失。针对于此，品牌社群的管理者需要加强管理，对其中出现的广告信息、虚假信息等进行有效监督。对于这些信息来讲，其最终的目的往往还是为了某些人的经济利益，只要仔细甄别，还是很容易识别的。品牌社群成员可能会受到的社群压力，对品牌社群融入会产生负面的影响。因此，品牌社群在发展过程中，应积极倡导社群内的成员持有一种包容的心态，只有在这种宽松的氛围下，再结合顾客价值所发挥的作用，才能使更多人融入到品牌社群中。

6.重视品牌内涵的作用，推动同类意识和社群精神的产生

本研究的实证分析发现，同类意识、社群精神和社群责任对品牌忠诚的产生具有推动作用。社群责任在很大程度上依赖于社群成员本身，但社群精神和同类意识则可以通过厂商的努力来积极促成。很明显，具有品牌内涵的产品更容易形成同类意识和社群精神，并且这种内涵与产品的价格、产品的普及程度等无关。只有积极赋予自己品牌以内涵，才能有效促进消费者产生同类意识和社群精神。在众多家用汽车品牌中，欧洲汽车的品牌内涵最为出众，这也就促使欧系汽车的品牌社群发展最为迅速，欧洲家用汽车的消费者品牌忠诚度也最高。对于汽车产品的品牌内涵，众多汽车厂商都开始给予特别的重视，就像马自达汽车的著名设计师佐藤洋一所指出的那样：欧洲汽车品牌具有丰富的内涵，日本汽车在这一点上还有所欠缺，马自达要回归东方风格。在这一点上，国内众多的国产汽车品牌差距更大，无论从汽车设计还是从营销等方面，还没有见到自己的传统所在。因此，在今后的发展过程中，我国的汽车厂商应对此予以足够的重视。

7.既要坚持社群精神的传承，又要在形式上推陈出新

通过以上分析可以发现，品牌社群所具有的社群精神对于品

牌忠诚度具有显著的推动作用，但这种影响受到产品使用时间的调节作用的影响。主要原因在于品牌社群的社群精神在其成员长时间拥有产品后会产生一定程度上的“惰性”，会产生一定的“疲劳”。因此，在坚持加强品牌社群的社群精神这根主线时，又要注重在形式上的推陈出新。

第四节 研究不足与展望

社群研究一直是社会学中的热门话题，但其在营销学中的应用还是20世纪末的事情，因此对品牌社群的研究具有相当大的难度。本文以浙江及山东的汽车品牌社群为对象，对品牌社群如何影响品牌忠诚进行了过程分析，但这些研究只是初步的，只是为今后的研究提供了一个契机。由于所研究问题的复杂性和个人精力、财力等方面的限制，本文还存在着一些不足，需要在今后的研究中进一步完善和深入。

1. 研究方法使用上的深入

由于本文在时间上的限制，只是采用了结构方程模型、多元线性回归分析等数理统计方法。这些研究主要基于作者通过介入式问卷调查所得来的数据进行，不可避免地会出现数据失真等问题。但品牌社群又具有社群的显著特点，如果能够对品牌社群进行跟踪式调查则可以获得更加客观的数据，特别是对于虚拟社群来讲更是如此。因此，在今后的研究中，可以通过研究品牌社群活动的录像、研究虚拟社群所发布的“帖子”等手段来获得更加客观的数据，并通过内容分析等更多的研究方法对这些数据加以分析，从而获得更加客观的分析结果。此外，社群的研究中已经出现了网络分析法，品牌社群的研究也可以借鉴这种方法进行更加丰富的研究。

2.调节变量选择上的进一步深入

在本文中，将产品使用时间作为品牌社群融入的调节变量来对待。但很明显，不同年龄、性别的品牌社群成员在获取同样的顾客价值及受到同样的社群关系影响后在品牌社群融入的表现上肯定存在差异。但本文在对山东、浙江的三个品牌社群进行问卷调查后发现，本研究所选择的三个品牌社群中20—30岁的男性占了绝大部分，因此无法对人口统计变量的调节作用进行深入分析。今后可以通过调查不同地区、不同档次汽车的品牌社群来获得更加丰富的样本，从而将更多的调节变量纳入研究中。

3.品牌社群对象选取上的进一步深入

由于品牌社群在我国出现的时间还较短，到目前为止，在我国发展最为迅速的品牌社群当数汽车行业的品牌社群。但这并不代表通过对汽车行业品牌社群的研究可以推广到所有行业中。因此，今后可针对出现得越来越多的快速消费品、服务业产品进行类似分析，并将对比分析也纳入研究框架中，这些工作会对实践具有一定的指导意义，并丰富学术研究成果。

参考文献

[1] ALGESHEIMER R, DHOLAKIA U M, HERRMANN A. The social influence of brand community: evidence from European car clubs[J]. Journal of Marketing, 2005,69(3): 19—34.

[2] AMBLER T,BHATTACHARYA C B,EDELL J, et al. Relating brand and customer perspectives on marketing management[J]. Journal of Service Research, 2002,5(1): 13.

[3] AMINE A, SITZ L. How does a virtual brand community emerge? some implications for marketing research[R]. University Paris, 2004.

[4] ANDERSON J C, JAIN D C, CHINTAGUNTA P K. Customer value assessment in business markets: a state-of-practice study [J]. Journal of Business-to-Business Marketing, 1993, 1(1): 3—29.

[5] ANDERSON J C, NARUS J A. A model of distributor firm and manufacturer firm working partnerships[J]. Journal of Marketing,1990,51(1):42—58.

[6] ANGELO G M. Creating customer value through functional interaction: the effects of organizational design factors on organizational marketing [D]. Michigan: The University of Michigan, 1992.

[7] BAGOZZI R P, DHOLAKIA U M. Intentional social action

in virtual communities[J]. Journal of Interactive Marketing, 2002,16(2): 2—21.

[8] BAGOZZI R P, DHOLAKIA U M. Antecedents and purchase consequences of customer participation in small group brand communities[J]. International Journal of Research in Marketing, 2006a,23(1): 45—61.

[9] BAGOZZI R P, DHOLAKIA U M. Open source software user communities: a study of participation in Linux user groups [J]. Management Science,2006b,52(7): 1099—1115.

[10] BALLANTINE P W, MARTIN B A S. Forming parasocial relationships in online communities[J]. Advances in Consumer Research, 2005,32: 197—202.

[11] BAND W A. Customer-accelerated change: slow response to shifting expectations thwarts efforts to compete in the'value decade[J]. Marketing Management,1995,4: 47—59.

[12] BEARDEN W O, NETEMEYER R G. Handbook of marketing scales: multi-item measures for marketing and consumer behavior reseorch[M]. SAGE Publications Inc,1998.

[13] BEAUDOUIN V, VELKOVSKA J. The cyberians: an empirical study of sociality in a virtual community[R]. Esprit i3 Warkshop on Ethnognraphic Studies in Real and Virtual Environments: Inhabited Information Spaces and Connected Communities, 1999.

[14] BECKETT S B. Achieving competitive advantage through customer value: exploring mass customization as a strategy for service organizations[D]. Texas:The University of Texas at Arlington, 1996.

[15] BELCHER D C. An economics of quality model: enhancing

customer value in dentistry[D]. California: California State University, Dominguez Hills, 2005.

[16] BELK R W, COSTA J A. The mountain man myth: a contemporary consuming fantasy[J]. Journal of Consumer Research, 1998,25(3): 218—240.

[17] BERRY L L. Relationship marketing of services-growing interest, emerging perspectives[J]. Journal of the Academy of marketing science, 1995,23(4): 236—245.

[18] BERUCHASHVILI M. Merchants of hope? building hope through brand community[D]. Nebraska: The University of Nebraska, 2007.

[19] MORRIS B H. Consumer value: a framework for analysis and research[M]. London: Routledge, 1999.

[20] BLANCHARD A L, MARKUS M L. Sense of virtual community: maintaining the experience of belonging[R]. Hawaii International Conference on System Sciences, Hawaii, 2002.

[21] BLOEMERA J M M, KASPERB H D P. The complex relationship between consumer satisfaction and brand loyalty [J]. Journal of Economic Psychology, 1995, 16 (2): 311—329.

[22] BOENITZ D J. Customer value measurement and impact on business results[D]. California: California State University-Dominguez Hills, 2001.

[23] NONNECKE B, PREECE J. Shedding light on Lurkers in online communities[R]. Baltimore, University of Maryland Baltimore County, 1999.

[24] BOLTON G E, KATOK E, OCKENFELS A. How effective are online reputation mechanisms? an experimental investigation[J].

Management Science,2004,50(11): 1587—1602.

[25] BOLTON R N, DREW J H. A multistage model of customers' assessments of service quality and value[J]. Journal of consumer research,1991,17(4): 375—384.

[26] BURNETT G. Information exchange in virtual communities: a typology information research [EB/OL]. http://www.shef.ac.uk/~is/publications/infres/ ircont.html.

[27] BUTZ H E, GOODSTEIN L D. Measuring customer value: gaining the strategic advantage[J]. Organizational Dynamics, 1996,24(3): 63—77.

[28] CARLSON B D. Brand-based community: the role of identification in developing a sense of community among brand users[D]. Oklahoma:Oklahoma State University,2005.

[29] CELSI R L, ROSE R L, LEIGH T W. An exploration of high-risk leisure consumption through skydiving[J]. Journal of Consumer Research, 1993,20(1): 1—23.

[30] CHAN M B, BHANDAR M, OH H C, et al. Recognition and participation in a virtual community[C]. Proceedings of the 37th Annual Hawaii International Conference on System Sciences,2004.

[31] CHAUDHURI A, HOLBROOK M B. The chain of effects from brand trust and brand affect to brand performance: the role of brand loyalty[J]. Journal of Marketing, 2001,65(2): 81—93.

[32] CHEN Q, WELLS W D. Attitude toward the site[J]. Journal of Advertising Research, 1999,39(5): 27—37.

[33] CHESNEY T. Other people benefit. i benefit from their work? sharing guitar tabs online[J]. Journal of Computer-

Mediated Communication, 2004,10(1) : 41—59.

[34] CORFMAN K P,LEHMANN D R, NARAYANAN S. Values, utility, and ownership: modeling the relationships for consumer durables[J]. Journal of Retailing, 1991,67(2): 184—204.

[35] COTHREL J, WILLIAMS R L. On-line communities: helping them form and grow[J]. Journal of Knowledge Management, 1999,3(1): 54—60.

[36] COURT D,THOMAS D F, MCGUIRE T I ,et al. Marketing in 3-D[J]. The Mckinsey Quarterly, 1999(4): 6—17.

[37] COVA B, PACE S. Brand community of convenience: new forms of customer empowerment. the case[J]. European Journal of Marketing, 2006,40(9—10): 1087—1105.

[38] CUNNINGHAM R M. Brand loyalty - what, where, how much? [J]. Harvard Business Review, 1956, 34 (1): 116—128.

[39] DASMOHAPATRA S. Understanding customer value in the oriented strandboard Industry[D]. Pennsylvania: The Pennsylvania State University,2005.

[40] DASMOHAPATRA S. Understanding customer value in the oriented strandboard industry[D]. Pennsylvania: The Pennsylvania State University,2005.

[41] DAY E,CRASK M R. Value assessment: the antecedent of customer satisfaction[J]. Journal of Consumer Satisfaction ,Dissatisfaction and Complaining Behavior, 2000,13: 52—60.

[42] DAY G S. Marketing's contribution to the strategy dialogue [J]. Journal of the Academy of Marketing Science, 1992,20 (4): 323—329

[43] DE R K, BLOEMERB J, PEETERSA P. Merging service quality and service satisfaction. an empirical test of an integrative model[J]. Journal of Economic Psychology, 1997,18(4): 387—406.

[44] DE W K, ODEKERKEN-SCHREDER G, IACOBUCCI D. Investments in consumer relationships: a cross-country and cross-industry exploration[J]. Journal of Marketing, 2001,65(4):33—50.

[45] DHOLAKIA U M, BAGOZZI R P, PEARO L K. A social influence model of consumer participation in network-and small-group-based virtual communities[J]. International Journal of Research in Marketing, 2004,21(3): 241—263.

[46] DICK A S, BASU K. Customer loyalty: toward an integrated conceptual framework[J]. Journal of the Academy of Marketing Science, 1994,22(2): 99—113.

[47] DODDS W B, MONROE K B, GREWAL D. Effects of price, brand, and store information on buyers' product evaluations[J]. Journal of Marketing Research, 1991,28(3): 307—319.

[48] DONEY P M, CANNON J P. An examination of the nature of trust in buyer-seller relationships[J]. Journal of Marketing, 1997,61(2): 35—51.

[49] DUTKA A F. AMA handbook for customer satisfaction NTC business books[M]. Lincolnwood:IL,1994.

[50] EIGHMEY J. Profiling user responses to commercial web sites[J]. Journal of Advertising Research, 1997,37(3): 59—66.

[51] ENGLIS B G, SOLOMON M R. Using consumption constellations to develop integrated communications strategies[J].

Journal of Business Research, 1996,37(3): 183—191.

[52] ENGLIS B G, SOLOMON M R. The role of avoidance products in shaping consumer behavior[J]. Advances in Consumer Research,1997(24): 61—63.

[53] FANG E. Creating customer value through customer particiaption in B 2 B markets: a value creation and value sharing perspective [D]. Columbia:University of Missouri-Columbia,2004.

[54] FISCHER E,BRISTOR J,GAINER B. Creating or escaping community: an exploratory study of internet consumers' behavior[J]. Advances in Consumer Research, 1996,23(1): 178—182.

[55] FLAP H,BULDER B, VOLKER B, et al. Intra-organizational networks and performance: a review[J]. Computational and Mathematical Organization Theory, 1998,4(2): 109—147.

[56] FORNELL C,LARCKER D F. Evaluating structural equation models with unobservable variables and measurement error[J]. Journal of Marketing Research, 1981,18(1):39—50.

[57] FOURNIER S. Consumers and their brands: developing relationship theory in consumer research[J]. Journal of Consumer Research, 1998,24(4):343—373.

[58] FRANKE N, SHAH S. How communities support innovative activities: an exploration of assistance and sharing among end-users [J]. Research Policy, 2003, 32 (1): 157—178.

[59] FREEMANTLE N, ANDERSON I M,YOUNG P. Predictive value of pharmacological activity for the relative efficacy of antidepressant drugs meta-regression analysis[J]. British Journal of Psychiatry, 2000,177(4): 292—302.

[60] GALE T B. The role of marketing in total quality management [M]. New York: The Free Press, 1994.

[61] GALEGHER J, SPROULL L, KIESLER S. Legitimacy, authority, and community in electronic support groups [J]. Written Communication, 1998, 15(4): 493—530.

[62] GARBARINO E, JOHNSON M S. The different roles of satisfaction, trust, and commitment in customer relationships[J]. Journal of Marketing, 1999, 63(2): 70—87.

[63] GARDIAL S F, CLEMONS D S, WOODRUFF R B, et al. Comparing consumers' recall of prepurchase and postpurchase product evaluation experiences [J]. Journal of Consumer Research, 1994, 20(4): 548—560.

[64] GARVER M S. Annual conference of the academy of marketing science[R]. Pheonix Arizona, 1996.

[65] GARVER M S. Buyer-salesperson relationships: customer value created and delivered by the salesperson and its effect on customer satisfaction personal trust and personal loyalty[D]. Tennessee: The University of Tennessee-Knoxvill, 1998.

[66] GATIGNON H, ROBERTSON T. An exchange theory model of interpersonal communication[J]. Advances in Consumer Research, 1986, 13(1): 534—538.

[67] GERBING D W, ANDERSON J C. An updated paradigm for scale development incorporating unidimensionality and its assessment[J]. Journal of Marketing Research, 1988, 25 (2): 186—192.

[68] GRANOVETTER M S. The strength of weak ties[J]. The American Journal of Sociology, 1973, 78(6): 1360.

[69] GREMLER D D, BROWN S W. Service loyalty: its nature,

importance, and implications[R]. Edvardsson, 1996.

[70] GROCER P. The meaning, measuring, and marketing of value[R]. Executive Report, 1984.

[71] GUTMAN J. A means-end chain model based on consumer categorization processes[J]. Journal of Marketing, 1982, 46 (2): 60—72.

[72] LIU H A. Examining the role of customer value, customer satisfaction and perceived switching costs: a model of repurchase intention for B2R services[D]. Atlanta: Georgia State University, 1998.

[73] HARS A, OU S. Working for free? motivations for participating in open-source projects[J]. International Journal of Electronic Commerce, 2002, 6(3): 25—39.

[74] HAUSER J R, URBAN G L. The value priority hypotheses for consumer budget plans[J]. Journal of Consumer Research, 1986, 12(4): 446—462.

[75] HENARD D H, SZYMANSKI D M. Why some new products are more successful than others[J]. Journal of Marketing Research, 2001, 38(3): 362—375.

[76] HOGG M K, MITCHELL P C N. Exploring anti-constellations: content and concensus[R]. Association for Consumer Research Conference, Tucson, 1996.

[77] HOGG M K, SAVOLAINEN M. The role of aversion in product/brand choice. [R]. Association for Consumer Research Conference, Denver, 1997.

[78] HOLBROOK M B. Consumer value: a framework for analysis and research[R]. London: Routledge, 1998.

[79] HOLT D B. Poststructuralist lifestyle analysis: conceptuali-

zing the social patterning of consumption in postmodernity [J]. Journal of Consumer Research, 1997,24(3):326—350.

[80] HOUMAN A P. Relationship marketing and brand involvement of professionals through web-enhanced brand communities: the case of Coloplast[J]. Industrial Marketing Management, 2005,34(3): 285—297.

[81] JACOBY J. A model of multi-brand loyalty[J]. Journal of Advertising Research, 1971,11(3): 25—31.

[82] JACOBY J,CHESTNUT R W. Brand loyalty: measurement and management [M]. New York: John Wiley and Sons Inc, 1978.

[83] JACOBY J. A behavioral process approach to information acquisition in nondurable purchasing[J]. Journal of Marketing Research,1978,15(4):532—544.

[84] JACOBY J, KYNER D B. Brand loyalty vs. repeat purchasing behavior[J]. Journal of Marketing Research,1973,10(1):1—9.

[85] JOHN H. Net gain: expanding markets through virtual communities[J]. Journal of Interactive Marketing, 1999, 1(13): 55—65.

[86] JONES M C. Case study-religion: a is for alpha, c is for christ[J]. Brand Strategy, 2003,176—183.

[87] JUNTER A J, GERALD D S. The expanding community of limited liability [M]. Chicago: University of Chicago Press, 1972.

[88] KORGAONKAR P K, WOLIN L D. A multivariate analysis of web usage[J]. Journal of Advertising Research, 1999, 39(2): 53—68.

[89] KOTLER P. A generic concept of marketing[J]. Journal of Marketing, 1972,36(2): 46—54.

[90] LANGERAK F. An appraisal of research on the predictive power of market orientation [J]. European Management Journal, 2003,21(4): 447—464.

[91] LANGERAK F,VERHOEF P C,VERLEGH P W J,et al. The effect of members' satisfaction with a virtual community on member participation[R]. Proceedings of the Association for Information Systems American Conference,Baltimore,2003.

[92] LAPIERRE J. Customer-perceived value in industrial contexts[J]. The Journal of Business and Industrial Marketing, 2000,15(2): 122—145.

[93] LERNER J, TIROLE J. Some simple economics of open source[J]. The Journal of Industrial Economics, 2002, 50 (2):197—234.

[94] LIPSTEIN B. A mathematical model of consumer behavior [J]. Journal of Marketing Research, 1965,2(3):259—265.

[95] LINDA L PRICE. Commercial friendships: service provider-client relationships in context [J]. Journal of Marketing, 1999,63(4): 38—56.

[96] LU H, LIN J C C. Predicting customer behavior in the market-space: a study of Rayport and Sviokla's framework[J]. Information and Management, 2002,40(1): 1—10.

[97] LUEDICKE M K. Brand community under fire: the role of social environments for the hummer brand community[J]. Advances in Consumer Research, 2006,33(1): 486—493.

[98] LYNN U, EARL T . Building business by building a master brand[J]. The Journal of Brand Management, 2001,8(6):

417—426.

[99] MACINTOSHA G, LOCKSHINB L S. Retail relationships and store loyalty: a multi-level perspective[J]. International Journal of Research in Marketing, 1997,14(5): 487—497.

[100] MADUPU V. Online brand community participation: antecedents and consequences[D]. Tennessee: The University of Memphis, 2006.

[101] MAFFESOLI M. The time of the tribes: the decline of individualism in mass society[M]. CA: Sage, 1996.

[102] MARTIN C L. Relationship marketing: a high-involvement product attribute approach [J]. Journal of Product and Brand Management, 1998, 7(1): 6—26.

[103] MAZURSKY D, GEVA A. Temporal decay in satisfaction-Purchase intention relationship[J]. Psychology and Marketing, 1989, 6(3): 211—227.

[104] MCALEXANDER J H, KIM S K, ROBERTS S D. Loyalty: the influences of satisfaction and brand community integration [J]. Journal of Marketing Theory and Practice, 2003, 11(4): 1—11.

[105] MCALEXANDER J H, KOENIG H F, SCHOUTEN J W. Building a university brand community: the long-term impact of shared experiences[J]. Journal of Marketing for Higher Education, 2004, 14(2): 61—79.

[106] MCALEXANDER J H, SCHOUTEN J W. Brandfests: servicescapes for the cultivation of brand equity[M], 1998.

[107] MCALEXANDER J H, SCHOUTEN J W, KOENIG H F. Building brand community[J]. The Journal of Marketing, 2002, 66(1): 38—54.

[108] MCGRATHJOHN M A, SHERRY J F, HEISLEY D D. An ethnographic study of an urban periodic marketplace: lessons from the Midville farmers' market[J]. Journal of Retailing, 1993,69: 280—319.

[109] MCKENNA K Y A,GREEN A S,GLEASON M E J. Relationship formation on the internet: what's the big attraction[J]. Journal of Social Issues, 2002,58(1): 9—31.

[110] MICHAEL Q, RAJ D. Building brand community among ethnic diaspora in the USA: strategic implications for marketers[J]. The Journal of Brand Management, 2005,13(2): 101—104.

[111] MIKE F, MULLER J. A site for soreheads[J]. Business Week, 1999,12(3624): 86—90.

[112] MOHR J, SPEKMAN R. Characteristics of partnership success: partnership attributes, communication, and conflict resolution techniques[J]. Strategic Management Journal, 1994,15(2): 135—152.

[113] MONROE K B. Pricing: making profitable decisions[M]. New York: Mcgraw-Hill College, 1990.

[114] MOORMAN C, ZALTMAN G,DESHPANDE R. Relationships between providers and users of market research: the dynamics of trust within and between organizations[J]. Journal of Marketing Research, 1992,29(3): 314—328.

[115] MUNIZ J A M, HAMER L O. Us versus them: oppositional brand loyalty and the cola wars[J]. Advances in Consumer Research, 2001,28(1): 355—361.

[116] MUNIZ J A M,O'GUINN T C. Brand community[J]. Journal of Consumer Research, 2001,27(4): 412—432

[117] MYERS J H, SHOCKER A D. The nature of product-related attributes[J]. Research in Marketing, 1981,5(21): 1—36.

[118] NAUMANN E. Delivering customer value: the path to sustainable competitive advantage[M]. Cincinnati: Thomson Executive Press, 1995.

[119] NEWMAN J W, WERBEL R A. Multivariate analysis of brand loyalty for major household appliances[J]. Journal of Marketing Research, 1973,10(4):404—409.

[120] OLIVER R L. Whence consumer loyalty? [J]. The Journal of Marketing, 1999,63:33—44.

[121] OVERBY J W. The impact of national culture upon the customer value hierarchy: a comparison between French and American consumers[D]. Tennessee: The University of Tennessee, 2000.

[122] PAPACHARISSI Z, RUBIN A M. Predictors of internet use[J]. Journal of Broadcasting and Electronic Media, 2000,44(2): 175—196.

[123] PARASURAMAN A, ZEITHAML V A, BERRY L L. A conceptual model of service quality and its implications for future research[J]. Journal of Marketing, 1985, 49(4): 41—50.

[124] PARK C W, JAWORSKI B J, MACLNNIS D J. Strategic brand concept-image management[J] Journal of Marketing, 1986,50(4): 135—145.

[125] PARK C H, KIM Y G. Identifying key factors affecting consumer purchase behavior in an online shopping context [J]. International Journal of Retail and Distribution Man-

agement, 2003,31(1): 16—29.

[126] PETER J P. Reliability: a review of psychometric basics and recent marketing practices[J]. Journal of Marketing Research, 1979,16(1):6—17.

[127] PRYKOP C, HEITMANN M. Designing mobile brand communities: concept and empirical illustration[J]. Journal of Organizational Computing and Electronic Commerce, 2006,16(3—4): 301—323.

[128] RATCHFORD B T. The new economic theory of consumer behavior: an interpretive essay[J]. Journal of Consumer Research, 1975,2(2): 65—75.

[129] RAVALD A, GRONROOS C. The value concept and relationship marketing[J]. European Journal of Marketing, 1996,30(2): 19—30.

[130] RICHINS M L. Special possessions and the expression of material values[J]. Journal of Consumer Research, 1994, 21(3): 522—533.

[131] RIDINGS C M, GEFEN D. Virtual community attraction: why people hang out online[J]. Journal of Computer-Mediated Communication, 2004,10(1).

[132] ROTHAERMEL F T, SUGIYAMA S. Virtual internet communities and commercial success: individual and community-level theory grounded in the atypical case of TimeZone. com[J]. Journal of Management, 2001,27(3): 297—312.

[133] RUST R T, ZAHORIK A J. Customer satisfaction, customer retention, and market share[J]. Journal of Retailing, 1993,69(2): 193—215.

[134] SAVOLAINEN R. Everyday life information seeking: ap-

proaching information seeking in the context of ‘way of life’[J]. Library and Information Science Research, 1995, 17(3): 259—294.

[135] SCHAU H J, MUNIZ A M J. Brand communities and personal identities: negotiations in cyberspace[J]. Advances in Consumer Research, 2002,29(1): 344.

[136] SCHLENKER B R, HELM B, TEDESCHI J T. The effects of personality and situational variables on behavioral trust[J]. Journal of Personality and Social Psychology, 1973, 25(3): 419—427.

[137] SCHOUTEN J W, MCALEXANDER J H. Subcultures of consumption: an ethnography of the new bikers[J]. Journal of Consumer Research, 1995,22(1):43—61.

[138] SCHOUTEN J W, MCALEXANDER J H,KOENIG H F. Transcendent customer experience and brand community [J]. Journal of the Academy of Marketing Science, 2007, 35(3): 357—368.

[139] SHARMA A,LAMBERT D M. Segmentation of markets based on customer service[J]. International Journal of Physical Distribution and Logistics Management, 1994,24 (4): 50—58.

[140] SHERMAN S. How to prosper in the value decade[J]. Fortune, 1992,126(12): 90—95.

[141] SHETH J N,NEWMAN B I,GROSS B L. Why we buy what we buy: a theory of consumption values[J]. Journal of Business Research, 1991,22(2): 159—170.

[142] SINHA I. Valuemap-an integrated approach toward the spatial modeling of perceived customer value[D]. Michi-

gan:University of Michigan, 1996.

[143] SLATER S F, NARVER J C. Intelligence generation and superior customer value[J]. Journal of the Academy of Marketing Science, 2000,28(1): 120—127.

[144] SOLOMON M,ENGLIS B. Breaking out of the box: is lifestyle a construct or a construction? consumer research: postcards from the edge[M]. New York, 1997.

[145] STRAHAN R,GERBASI K C. Short, homogeneous versions of the Marlow-Crowne social desirability scale[J]. Journal of Clinical Psychology, 1972,28(2): 191—193.

[146] SZMIGIN I, REPPEL A E. Internet community bonding: the case of macnews. de[J]. European Journal of Marketing, 2004,38(5—6): 626—640.

[147] SZYMANSKI D M,HENARD D H. Customer satisfaction: a meta-analysis of the empirical evidence[J]. Journal of the Academy of Marketing Science, 2001,29(1): 16—35.

[148] THOMAS B. Community and social change in American [M]. New Brunswick: Rutgers University, 1978.

[149] THOMAS J S. A methodology for linking customer acquisition to customer retention[J]. Journal of Marketing Research, 2001,38(2): 262—268.

[150] TREACY M, WIERSEMA F. How market leaders keep their edge[J]. Fortune, 1995,131(2): 88—98.

[151] TUCKER W T. The development of brand loyalty[J]. Journal of Marketing Research, 1964,1(3): 32—35.

[152] THOMAS J O ,JR S W E. Why satisfied customers defect? [J] Harvard Business Review, 1995,73(6): 88—91.

[153] ULAGA W, CHACOUR S. Measuring customer-perceived

value in business markets a prerequisite for marketing strategy development and implementation[J]. Industrial Marketing Management, 2001,30(6): 525—540.

[154] VIVEKANANDA M. Online brand community participation: antecedents and consequences[D]. The University of Memphis, 2006.

[155] VON H E. Open source shows the way: innovation by and for users-no manufacturer required[J]. Sloan Management Review, 2001,42(4): 82—86.

[156] WALTHER J B. Relational aspects of computer-mediated communication: experimental observations over time[J]. Organization Science, 1995,6(2):186—203.

[157] WANG Y, FESENMAIER D R. Modeling participation in an online travel community[J]. Journal of Travel Research, 2004a,42(3): 261—270.

[158] WANG Y, FESENMAIER D R. Towards understanding members' general participation in and active contribution to an online travel community[J]. Tourism Management, 2004b,25(6): 709—722.

[159] WANG Y, YU Q, FESENMAIER D R. Defining the virtual tourist community: implications for tourism marketing [J]. Tourism Management, 2002,23(4): 407—417.

[160] WEINGAND D E ,AMERICAN L A. Customer service excellence: a concise guide for librarians[M]. Chicago: American Library Association, 1997.

[161] WELLMAN B. The community question: the intimate networks of East Yorkers[J]. The American Journal of Sociology, 1979,84(5):1201—1231.

[162] WELLMAN B. The place of kinfolk in personal community networks[J]. Marriage and Family Review, 1990,15(2): 190—195.

[163] WELLMAN B,SALAFF J, DIMITRINA D, et al. Computer networks as social networks: collaborative work, telework, and virtual community[J]. Annual Review of Sociology, 1996,22(1): 213—238.

[164] WELLMAN B, WORTLEY S. Different strokes from different folks: community ties and social support[J]. The American Journal of Sociology, 1990, 558—588.

[165] WILK R. Learning to not-want things[R]. Association for Consumer Research Annual Conference, Tucson,1996.

[166] WILSON D. T. An integrated model of buyer-seller relationships[J]. Journal of the Academy of Marketing Science, 1995,23(4): 335—345.

[167] WOODRUFF R B. Customer value: the next source for competitive advantage[J]. Journal of the Academy of Marketing Science,1997,25(2): 139—153.

[168] WYNER G A. The many faces of customer value[J]. Marketing Research,1998,10(1): 34—35.

[169] ZEITHAML V A. Consumer perceptions of price, quality, and value: a means-end model and synthesis of evidence [J]. Journal of Marketing, 1988, 52 : 2—22.

[170] 白长虹.西方的顾客价值研究及其实践启示[J].南开管理评论,2001(2):51—55.

[171] 曹维.基于虚拟社区的关系型互动对网络购物影响的研究[D].杭州:浙江大学,2007.

[172] 曹忠鹏,周庭锐,陈淑青.基于行为和态度的顾客多忠诚研究

[J]. 中国工业经济,2007(3):79—87.

[173] 查金祥. B2C 电子商务顾客价值与顾客忠诚度的关系研究[D]. 杭州:浙江大学,2006.

[174] 陈明亮. 客户忠诚决定因素实证研究[J]. 管理科学学报,2003(5):72—78.

[175] 陈顺林. 虚拟品牌社区参与对产品品牌忠诚的影响研究[D]. 杭州:浙江大学,2007.

[176] 崔国华. 体验营销概念及其策略研究[D]. 武汉:武汉大学,2004.

[177] 段明霞. 基于关系营销战略的顾客忠诚研究[D]. 大连:大连理工大学,2005.

[178] 韩梅. 顾客价值导向的服务品牌构建路径研究[J]. 中央财经大学学报,2007(10):84—90.

[179] 汪纯孝,韩小芸,温碧燕. 顾客满意感与忠诚感关系的实证研究[J]. 南开管理评论,2003(4):70-74.

[180] 何远梅,刘学谦. 体育营销中品牌社群的消费价值研究[J]. 广州体育学院学报,2006(6):28—30.

[181] 侯方贵,曹绪军. 基于顾客关系的品牌社区建设[J]. 中国市场,2006(36):57—58.

[182] 侯明廷. 汽车品牌竞争升级 汽车公关莫失良机[J]. 国际公关,2005(3):54—57.

[183] 胡旭初,王奇娟,张大亮. 论顾客价值驱动的需求演化过程[J]. 浙江大学学报:人文社会科学版,2006(2):12—19.

[184] 胡振虎,段宗雷,万敏. 部落营销——一个后现代的营销视角[J]. 当代经济科学,2004(3):72—75.

[185] 黄静,王利军. 构建品牌社区[J]. 商业时代,2004(18):50—51.

[186] 黄芳铭. 结构方程模式理论与应用[M]. 北京:中国税务出

版社,2005.

[187] 霍映宝,韩之俊. 顾客忠诚研究述评[J]. 商业研究. 2004(4):77—80.

[188] 计建,陈小平. 品牌忠诚度行为——情感模型初探[J]. 外国经济与管理. 1999(1):23—30.

[189] 李光斗. 运用品牌竞争力突破低价竞争的围城[J]. 连锁与特许:管理工程师,2008(8):44—47.

[190] 李倩,钟胜. 面向管理改进的服务企业顾客满意度模型[J]. 商业经济与管理,2005(4):66—71.

[191] 李万全. 社群的概念——滕尼斯与贝尔之比较[J]. 社会科学论坛,2006(12):4—7.

[192] 林青. 基于品牌社群的顾客价值研究[D]. 福州:福州大学,2006.

[193] 刘怀伟. 商务市场中顾客关系的持续机制研究[D]. 杭州:浙江大学,2003.

[194] 刘石兰,任浩. 论企业能力对顾客价值的作用及其匹配[J]. 外国经济与管理,2007(6):42—48.

[195] 陆娟. 服务忠诚驱动因素与驱动机理——基于国内外相关理论和实证研究的系统分析[J]. 管理世界,2005(6):107—114.

[196] 陆娟,张东晗. 消费者品牌忠诚影响因素实证分析[J]. 财贸研究,2004(6).:39—46.

[197] 卢艳峰. 虚拟社区互动沟通对网络购物意向的影响模式研究[D]. 杭州:浙江大学,2005.

[198] 罗延发. 产品差异化视角下的中国家庭轿车市场研究 [D]. 杭州:浙江大学,2007.

[199] 马庆国. 管理统计:数据获取、统计原理与 SPSS 工具与应用研究[M]. 北京:科学出版社,2002.

[200] 潘铁彦. 基于顾客价值的服务品牌接触点管理研究[D]. 南京:南京理工大学,2004.
[201] 屈云波. 品牌营销[M]. 北京:企业管理出版社,1996.
[202] 唐小飞. 认知忠诚和情感忠诚的消费者行为研究[J]. 中国工业经济,2008(3):101—108.
[203] 万映红,李江,钱园园. 银行互动渠道满意测评基准——顾客价值维度建模研究[J]. 科研管理,2007(3):177—185.
[204] 王明亮. 中国标准化研究院顾客满意度测评中心[EB/OL]. www.ccsi.org.cn/.
[205] 万婧. 品牌社区的力量[J]. 广告业,2005(2):84—86.
[206] 朱俊. 汽车营销品牌战略是市场竞争的关键[J]. 城市车辆,2008(10):54—58.
[207] 王永贵,杨龙,杨永恒. 顾客关系管理:对顾客网络及其知识管理的系统剖析[J]. 重庆大学学报:社会科学版,2002,9(2):47—51.
[208] 王月兴. 顾客忠诚的驱动因素及其作用[J]. 山东大学学报:哲学社会科学版,2002(4):103—107.
[209] 温碧燕,汪纯孝,岑成德. 服务公平性、顾客消费情感与顾客和企业的关系[M]. 广州:中山大学出版社,2004.
[210] 吴东晓. 基于顾客的饭店品牌价值影响因素研究[D]. 杭州:浙江大学,2002.
[211] 9 品牌汽车浙江全国销量第一 豪车品牌占半数[EB/OL]. (2002-02-26). http://auto.sina.com.cn/news/2009-02-26/1004463959.shtml .
[212] 严浩仁,贾生华. 顾客忠诚的基本驱动模型研究:以移动通信服务为例[J]. 经济管理,2005(4):42—46.
[213] 严浩仁. 顾客忠诚的影响因素及其作用机制:对移动通信服务市场的实证研究[D]. 杭州:浙江大学,2005.

[214] 杨龙，王永贵．顾客价值及其驱动因素剖析[J]．管理世界，2002(6)：146—149．

[215] 杨志蓉．团队快速信任、互动行为与团队创造力研究[D]．杭州：浙江大学，2006．

[216] 于春玲，王海忠，赵平，等．品牌忠诚驱动因素的区域差异分析[J]．中国工业经济，2005(12)：115—121．

[217] 叶亦琳．基于顾客价值的品牌忠诚研究 [D]．南京：南京理工大学，2005．

[218] 叶志桂．西方顾客价值研究理论综述[J]．北京工商大学学报：社会科学版，2004(4)：11—15．

[219] 张月莉，王方华，过聚荣．复杂购买行为模式下的品牌忠诚研究[J]．北京理工大学学报：社会科学版，2007(6)：34—38．

[220] 周志民．基于品牌社群的消费价值研究[J]．中国工业经济，2005(2)：103—109．

[221] 周志民．品牌社群形成机理模型初探[J]．商业经济与管理，2005(11)：74—79．

[222] 周志民，李蜜．西方品牌社群研究述评[J]．外国经济与管理，2008(1)：46—51．

[223] 赵定涛，陈世吉．品牌忠诚度——利润模型与品牌策略矩阵分析[J]．科技进步与对策．2004(8)：166—168．

[224] 赵茂磊．非交易类虚拟社区的成员参与动机研究[D]．杭州：浙江大学，2005．

图书在版编目(CIP)数据

品牌社群对品牌忠诚的影响机制研究 / 刘勇著.
—杭州:浙江工商大学出版社，2014.7
ISBN 978-7-5178-0504-5

Ⅰ. ①品… Ⅱ. ①刘… Ⅲ. ①汽车—品牌效应—研究
Ⅳ. ①F766

中国版本图书馆 CIP 数据核字(2014)第 120235 号

品牌社群对品牌忠诚的影响机制研究
刘　勇　著

责任编辑　谭娟娟　郑　建
责任印制　包建辉
封面设计　王好驰
出版发行　浙江工商大学出版社
(杭州市教工路 198 号　邮政编码 310012)
(E-mail:zjgsupress@163.com)
(网址:http://www.zjgsupress.com)
电话:0571—88904970,88831806(传真)
排　　版　杭州朝曦图文设计有限公司
印　　刷　杭州五象印务有限公司
开　　本　710mm×1000mm　1/16
印　　张　12
字　　数　151 千
版 印 次　2014 年 7 月第 1 版　2014 年 7 月第 1 次印刷
书　　号　ISBN 978-7-5178-0504-5
定　　价　30.00 元

浙江工商大学出版社营销部邮购电话　0571-88904970